AF247813

Aux Habitants des Campagnes !

Ce que vous étiez
avant 1789

PAR

Clément de REIGNIÉ

de Melle (Deux Sèvres).

Habitants des campagnes,
souvenez-vous !...

PRIX : 1 FRANC.

PARIS

CHEZ L'AUTEUR, RUE RICHER, 35.

1879

CE QUE VOUS ÉTIEZ

AVANT 1789

Paris.   Imprimerie Alcan Lévy, 61, rue de Lafayette

Aux Habitants des Campagnes !

CE QUE VOUS ÉTIEZ AVANT 1789

PAR

CLÉMENT DE REIGNIÉ

de Melle (Deux-Sèvres).

Habitants des campagnes
souvenez-vous ..

PRIX : 1 FRANC.

PARIS

CHEZ L'AUTEUR, RUE RICHER, 35.

1879

C'est à vous, habitants des campagnes, que j'adresse les pages qui vont suivre. Au moment où les partisans de la monarchie et les cléricaux jettent un audacieux défi à la société moderne, en cherchant à arracher à la nation des droits conquis au prix de son sang, j'ai pensé qu'il était bon, utile, nécessaire, de retracer à vos yeux la situation qui vous était faite avant la Révolution de 1789, par les rois, les nobles et les prêtres.

Dans cette sombre histoire du passé, le paysan et l'ouvrier ne comptent que par leurs souffrances : leur existence n'est qu'un long martyre. A la noblesse, au clergé, les priviléges, les honneurs, la puissance ; au-dessous de ces classes privilégiées grouille la masse de la nation, courbée sous le poids du travail, en butte à toutes les vexations, à toutes les servitudes, à toutes les misères.

Le paysan français compose en grande majorité cette masse laborieuse que le maréchal Vauban

appelle *le menu peuple;* disséminé dans les campagnes, ne participant en rien aux avantages
accordés aux habitants des villes, sans appui contre
les exigences du seigneur duquel il relève, il est,
avant 1789, l'homme le plus malheureux que l'on
puisse imaginer. Comme aujourd'hui, passionné-
ment épris de cette terre qu'à travers les siècles il
a fertilisée de ses sueurs et de ses larmes, son rêve
est d'en posséder une parcelle; malgré toutes les
entraves que sa condition misérable apporte dans
la réalisation de ce désir, à force de travail, d'économie et de dissimulation, il devient enfin propriétaire. Mais ne croyez pas qu'il va jouir paisi-
blement de cette motte de terre, fruit de ses durs
labeurs; c'est d'abord le seigneur des seigneurs,
le roi, qui lui réclamera les impôts les plus lourds
et les plus arbitraires, sous les noms de *tailles,* de
capitations, de *vingtièmes, d'aides sur les boissons,* de *gabelles,* et qui lui infligera le plus odieux
de tous, la *corvée!...* A ces conditions, sera-t-il
libre de cultiver le petit coin de terre, objet de son
amour?... Non! car à côté de lui se trouve le seigneur, ce riche oisif qui opprime la contrée et qui
viendra lui réclamer ce que, par un outrage à la
justice, au bon sens et à la morale, on appellera
ses droits!... Pour l'acquisition, il faudra payer
un droit de vente à cet homme, qui ne participe

même pas à l'administration des affaires de la paroisse!... Au moment de ses travaux les plus pressés, le paysan sera violemment arraché à son champ par la corvée seigneuriale, et obligé de travailler *sans salaire* pour son seigneur et maître! Il ensemencera sa terre, mais il ne pourra défendre ni sa semence ni sa récolte contre le gibier de son tout-puissant voisin!... On lui demandera un droit pour passer la rivière, un droit parce qu'il soulèvera la poussière du chemin seigneurial, un droit pour vendre ses fruits et ses légumes au marché voisin... et si, par hasard, il lui reste un peu de blé pour se nourrir, c'est au moulin du seigneur qu'il faudra le faire moudre, c'est à son four qu'il devra faire cuire le pain destiné à ranimer ses forces épuisées! C'est à faire des rentes au seigneur que l'habitant des campagnes passe sa misérable existence; quoi qu'il fasse, le château est là pour troubler son plaisir, gêner son travail, manger ses produits, trop heureux si le libertinage du maître ne lui prend pas son honneur!... Et ce n'est pas tout; non-seulement il devra payer les impôts du roi et les mille redevances qui lui sont réclamées par le seigneur, mais il aura encore à satisfaire la rapacité du clergé qui lui enverra ses hommes noirs pour lui enlever *par la dîme* le plus clair de sa récolte.

Puisse cette étude rapide et incomplète des charges qui pesaient sur les campagnes avant 1789, éclairer l'avenir que les faiseurs de monarchies nous préparent!... Puisse ce long écrasement *du menu peuple* faire comprendre aux travailleurs des villes et des campagnes dont la cause est la même, ce que leur donnerait la royauté, cette source intarissable de priviléges!... Puisse enfin ce passé d'humiliations, de souffrances et de désespoirs, leur expliquer l'intérêt que les royalistes et les prêtres ont à perpétuer l'ignorance, à étouffer la démocratie des villes, et à mutiler le suffrage universel !... Que deviendraient-ils s'ils n'avaient plus l'ignorance comme point d'appui?... Avec l'instruction, on saurait ce qu'ils ont été dans le passé, on comprendrait nettement ce qu'ils veulent être dans l'avenir; on se rirait de toutes leurs finesses parlementaires, de toutes leurs habiletés, de toutes leurs roueries, de toutes leurs poignées de main dans les comices, de toutes leurs prétentions à l'ordre moral, et le suffrage universel, ce grand justicier de la France instruite et indignée, leur arracherait le masque dont ils couvrent leur face hypocrite!...

I

Avant la Révolution de 1789, l'impôt n'était pas consenti par la nation, mais arraché aux plus faibles par le roi, les seigneurs et les prêtres; n'ayant pas pour base la justice, il présentait de pays à pays, de province à province, de paroisse à paroisse, la plus étrange confusion et les plus monstrueuses inégalités. La France n'était pas gouvernée, elle était exploitée, et cette exploitation n'avait d'autres règles que le privilége et le bon plaisir.

En matière d'impositions, le royaume se subdivisait à l'infini. Pour l'impôt direct, il y avait la France des *pays d'élections*, la France des *pays d'États* et la France des *pays conquis;* pour les impôts sur les consommations, nous trouvons la France des *aides et des gabelles*, la France *rédîmée* et les pays *francs d'impôt;* pour l'impôt sur les marchandises, on distinguait les *provinces des cinq grosses fermes*, les *provinces ré-*

putées *étrangères*, les *provinces dites l'Étranger effectif*, et enfin, les *ports francs*. Avons-nous besoin de faire remarquer combien cette absence d'unité favorisait la mauvaise foi des privilégiés et les rapines des fermiers des impositions ?

Cette inégalité de l'impôt, si grande de province à province, de paroisse à paroisse, s'aggrave encore de toute la distance qui sépare au dix-huitième siècle les diverses conditions qui sont faites aux propriétés et aux personnes.

II

En ce qui concerne la propriété, il existe trois espèces de biens : le franc-alleu, les biens tenus à fief, et les biens tenus à cens ou les rotures.

Le franc-alleu est exempt de charges et ne supporte ni droits ni devoirs seigneuriaux ; les propriétaires de francs-alleux possèdent seuls le sol d'une manière complète, avec cette distinction toutefois, que le franc-alleu noble a justice annexée des fiefs et des censives, tandis que le franc-alleu roturier ne possède ni fiefs ni censives, et relève de la justice seigneuriale dans laquelle il se trouve.

Les possesseurs de *biens tenus à fief* ont vis-à-vis du seigneur des obligations qui varient avec la législation à laquelle est soumise chaque province.

Les biens tenus à cens ou les rotures se subdivisaient en trois classes : ceux qui étaient tenus à simple cens ; ceux qui, indépendamment du cens, avaient à supporter d'autres espèces de servitudes ; enfin, ceux qui étaient tenus en mainmorte, en taille réelle, en bordelage. Mais pourquoi parler de ces derniers biens et de ces étranges propriétaires qui ne pouvaient ni aliéner leurs terres, ni en disposer par testament ?... Mainmorte !... Expression sinistre qui nous rappelle l'horrible coutume qui existait dans le pays de Liége, de couper la main du paysan mainmortable qui venait de mourir ; ce trophée sanglant, cette main morte, était présentée au seigneur pour indiquer que la mort venait d'affranchir son vassal de toute servitude ... Non content de torturer le paysan pendant sa douloureuse existence, on mutilait son cadavre !...

III

Si des propriétés nous passons aux personnes, la différence n'est pas moins profonde. Trois classes se partageaient l'ancienne société : la noblesse, le clergé et le Tiers État. Les deux premières classes sont à peu près complétement exemptes d'impôts ; c'est sur le Tiers État que retombe tout le fardeau. Ici nous devons faire une remarque essentielle ; on a l'habitude de comprendre sous la dénomination générale de Tiers État toute la partie de la nation qui se trouvait en dehors des ordres de la noblesse et du clergé, mais cette partie de la nation avait elle-même ses divisions et, disons-le, ses priviléges : la fraction du Tiers État qui habite les villes, débarrassée par la révolution communale du joug de la noblesse et du clergé, avait obtenu de la royauté des priviléges, des franchises municipales, des constitutions démocratiques. Au moment où éclate la révolution de 1789, cette organisation démocratique des villes n'est plus qu'un souvenir; les assemblées générales ne se composent plus du peuple ou de ses délégués; quelques familles tont accaparé le gouvernement municipal et acheté tous les offices de judicature et de finances. Avec le peuple a disparu ce patriotisme municipal qui enfanta tant de merveilles au moyen âge, et la bourgeoisie est ombée sous la complète dépendance du roi ou plutôt de ses représentants dans les provinces, l'Intendant et ses subdélégués. Mais, en échange de cette sujétion des villes, le pouvoir royal avait accordé une foule d'exemptions d'impôts à ceux qui les habitaient; le poids des impositions était donc presque entièrement supporté par les habitants des campagnes, et encore dans ce menu peuple des campagnes, combien ne peuvent payer aucune taxe!...

Le privilége enfante la misère. Dans les villes, les pauvres sont assistés; mais, dans les campagnes, la mendicité devient une nécessité absolue. Les jurandes et les maîtrises dressent devant le travailleur des obstacles infranchissables; ne pouvant travailler, il faut mendier ou se livrer au brigandage. Des armées de mendiants couvrent le royaume, et leurs sourds grondements sont en quelque sorte le glas funèbre de la monarchie aux abois... C'est en vain que l'on prend contre eux les mesures les plus sauvages; en 1767, les murs des prisons et des ásiles ne peuvent contenir les cinquante mille mendiants qui sont arrêtés... En 1777, douze ans avant la révolution, on compte douze cent mille mendiants!... Triste tableau que celui de notre France si courageuse, si travailleuse et si riche, déshonorée par ces bandes d'affamés, qui jettent dans les campagnes la pitié et l'épouvante!... Spectacle plein d'horreur que celui de cette population réduite à manger l'herbe des champs et à mourir de faim sur le sol le plus fertile du monde!...

IV

Les charges dont on accablait, avant 1789, la partie de la nation qui était *taillable et corvéable à merci*, sont perçues au profit du roi, de la noblesse et du clergé; étudions donc séparément les impôts ou plutôt les tributs payés au roi, aux seigneurs et aux prêtres.

V

Les impôts établis au nom du roi se divisent en impositions directes et impositions indirectes.

Les impositions directes comprennent les tailles, la capitation et les vingtièmes; elles sont établies et perçues par des agents royaux.

Les impositions indirectes sont affermées à trois compagnies de financiers :

La première, sous le nom de *Ferme générale*, percevait les droits de traite, les droits d'octroi de la ville de Paris, et avait le monopole de la vente du tabac et du sel. Un bail était passé avec les fermiers généraux, et, avant le ministère de Necker, tout ce qui dépassait le prix stipulé dans ce bail constituait le bénéfice. Necker modifia cet état de choses; les fermiers, tout en ayant un bail, n'avaient droit qu'à une partie des revenus qui excédaient le prix stipulé; leur exploitation du revenu public était devenue une *régie intéressée*.

La seconde compagnie de financiers, désignée sous le nom de *Régie générale*, était chargée du recouvrement des droits sur les boissons, sur les cuirs, les papiers et l'orfévrerie.

La troisième compagnie, appelée la *Régie du domaine*, percevait les revenus du domaine royal et les impôts de l'enregistrement, du sceau et du marc d'or.

Les financiers de la régie générale et de la régie du domaine touchaient, comme ceux de la ferme générale d'énormes émoluments, provenant du tiers qui leur était attribué, lorsque les revenus qu'ils étaient chargés de percevoir dépassaient une certaine somme fixée d'avance.

Nous allons maintenant donner quelques détails sur la nature des principaux impôts.

VI

L'impôt de la *taille* était d'origine très-ancienne; son nom paraît lui venir [de ce que les collecteurs, ne pouvant donner quittance parce qu'ils ne savaient pas écrire, avaient l'habitude de marquer ce qu'ils recevaient par une taille faite sur deux morceaux de bois, dont l'un restait entre les mains du taillable. Les boulangers des petites villes et des campagnes emploient encore aujourd'hui ce moyen élémentaire de comptabilité avec les clients qu'ils approvisionnent.

Avant Charles VII, la taille n'est qu'un *subside temporaire* accordé au roi; elle est, du reste, d'un usage restreint comme impôt général, et s'applique beaucoup plus à la seigneurie qu'au royaume.

Charles VII fut le premier roi qui conçut le projet de lever des taxes de sa propre autorité, sans le consentement des États, et, comme il fallait éviter les réclamations des nobles, alors tout puissants, il en choisit une dont la noblesse était exempte, la taille. Cet établissement *d'un impôt permanent*, et n'atteignant pas toutes les classes de la société, était un fait grave qui devait servir de point de départ aux abus odieux de la monarchie, et devenir une des causes de notre grande Révolution. C'était là une voie fatale que celle dans laquelle allait s'engager la royauté, et qui devait la conduire aux abîmes ; Commines s'en rendait parfaitement compte lorsqu'il traçait ces lignes prophétiques : « *Charles VII, qui gagna ce point d'imposer la taille à son plaisir sans le consentement des États, chargea fort son âme et celle de ses successeurs, et fit à son royaume une plaie qui longtemps saignera...* »

La taille, d'abord légère, est facilement supportée par les populations en échange de la protection qui leur est accordée par les hommes d'armes ; mais elle augmente avec les besoins du Trésor, se multiplie à l'infini, et devient bientôt un fardeau écrasant dont les privilégiés sont exempts, et qui, par suite, retombe presque entièrement [sur la population laborieuse des campagnes.

Il y avait trois espèces de tailles : 1° la *taille réelle*, imposée sur les biens-fonds, abstraction faite de la qualité des personnes ; elle était levée d'après un cadastre plus ou moins exact ; les biens nobles en étaient exempts ;

2° *La taille personnelle* imposée sur les personnes, en proportion de leurs facultés présumées, de leur commerce et de leur industrie ; la taille personnelle était la plus générale, mais aussi la plus arbitraire ; elle n'atteignait que les roturiers.

Dans les pays d'États, le montant de la taille que devait payer chaque province était demandé par le roi aux États ; une délibération de ces assemblées composées des trois ordres, de la noblesse, du clergé et du Tiers État, fixait l'impôt octroyé à la couronne *à titre de don gratuit*. La répartition entre les diocèses et les communautés était faite par les assemblées des États à l'aide d'un tarif ; la répartition entre les taillables avait lieu au moyen d'un cadastre plus ou moins détaillé, des biens situés sur le territoire de la communauté.

Pour les pays d'élections, c'est-à-dire pour la plus grande partie de la France, le Conseil du roi arrête chaque année, *par décision secrète*, le brevet des impositions qui fixe le montant de la taille et de ses nombreux accessoires pour chaque généralité et chaque élection ; la répartition entre les paroisses est faite par l'Intendant, les Trésoriers de France, et les officiers de l'élection ; enfin, le contingent assigné à la paroisse est réparti entre les taillables, au moyen de rôles, par les collecteurs.

Ainsi, le Conseil du roi connaissait *seul* le chiffre total de l'impôt direct ; la généralité et l'élection ne connaissaient le contingent qui leur était assigné qu'après la décision irrévocable du Conseil. Pour la répartition entre les paroisses et les taillables, aucun contrôle, aucune garantie. La justice ! elle n'existe pas. On peut bien plaider en première instance devant le tribunal d'élection, en appel devant les Cours des Aides, mais le Conseil a le droit, en évoquant l'affaire, de la soustraire à la juridiction administrative, et d'étrangler le débat. Le pouvoir du roi n'a d'autres limites que son bon plaisir, et s'appuie sur cette maxime fiscale que *le peuple supporte aisément son malheur, pourvu qu'on ait l'art de le lui cacher...*

Dans les pays d'États, l'impôt de la taille est moins lourd que partout ailleurs, parce qu'il varie peu, et que ces pays ont conservé le droit de le lever eux-mêmes ; mais, dans les pays d'élections, sa perception est intolérable. En 1789, les campagnes sont délaissées : par les nobles qui occupent des charges auprès du roi et qui, seuls, possèdent des grades dans l'armée et dans la marine ; par le riche clergé auquel il faut le luxe qui environne les Cours pour dévorer ses immenses revenus ; enfin, par les propriétaires riches qui s'empressent de se réfugier dans les villes pour fuir les droits féodaux, les vexations et les insolences des hobereaux. Le village se compose le plus souvent de paysans pauvres et ignorants ; le seigneur se tient à l'écart dans son château, reste étranger à l'administration qu'il considère comme *œuvre vile,* et ne révèle son existence que par l'exercice de ses privilèges, son exemption de l'impôt, et des exigences pécuniaires sans nombre. Dans l'intérieur de cette paroisse, ce sont des paysans pris au hasard qui seront chaque année nommés *collecteurs,* et qui

devront dresser les rôles de la taille ; fonction redou-
table qui, ainsi que nous l'indique Turgot, « *causait
le désespoir et presque toujours la ruine de ceux
qu'on en charge.* » Aussi, comme tous veulent s'y
soustraire, on est réduit à dresser une liste des
habitants de la paroisse, et chacun devient collecteur
à son tour.

Mais comment ces collecteurs, dont le plus grand
nombre ne sait même pas lire, pourront-ils répartir
sur chaque habitant, suivant ses biens et ses facultés,
la somme imposée à la paroisse, et dont ils sont
responsables ? Cette répartition n'ayant pour base
qu'une idée vague de la fortune de chacun, sera
complétement arbitraire ; obéissant à ses passions, le
collecteur pourra rendre service à ses amis, se venger
de ses ennemis, satisfaire ses sentiments de jalousie
en imposant au delà de toute mesure celui qui à
force d'économies aura acheté une pièce de terre ou
amassé quelque argent, grossir les taxes des bons
payeurs afin de recouvrer plus facilement le montant
de ses rôles, ménager les puissants et ceux qui devront
le remplacer afin d'en recevoir les mêmes ménage-
ments l'année suivante. Responsable du rôle qu'il a
dressé, le collecteur est obligé d'avoir recours à la
terreur, et ne marche qu'accompagné de garnisaires
et d'huissiers ; exécré de tous, presque aussi maudit
que l'impôt qu'il perçoit, il trouve souvent la ruine
en échange des peines qu'il se donne et des malé-
dictions qui l'accueillent. S'il taxe un de ces innom-
brables privilégiés qu'il ne connaît pas, il payera
pour lui ; c'est encore lui qui acquittera les taxes des
retardataires, bien heureux s'il n'expie pas en prison

l'insolvabilité du pauvre ou la mauvaise foi du riche !...

En face de l'arbitraire et des violences auxquelles donnent lieu l'assiette et la perception de la taille, le paysan recourt à la ruse. Dans la crainte de faire augmenter son impôt s'il paraît aisé, il affecte les dehors de la pauvreté, se prive de nourriture, ne porte que des vêtements en lambeaux, et va jusqu'à subir des exécutions qu'il pourrait éviter, pensant que les frais qui lui sont faits sont inférieurs à l'augmentation qu'il aurait à subir, s'il payait sans avoir été contraint !... Cette dissimulation de l'aisance était poussée à ses dernières limites et tellement nécessaire, qu'en 1761, c'est-à-dire quelques années avant la Révolution, la Société d'agriculture du Maine renonça au projet qu'elle avait de distribuer des bestiaux comme encouragements agricoles, et pourquoi ?... Parce qu'elle redoutait les augmentations de taille et les vexations qu'une basse jalousie pourrait attirer sur ceux qui remporteraient ces prix... délations, haines et ruines, tels étaient les résultats de l'impôt de la taille !...

Mais ce qu'il y avait de plus odieux dans cet impôt, c'était le grand nombre d'exemptions auxquelles il donnait lieu. Non-seulement les nobles et le clergé ne payaient pas la taille, mais la partie riche du Tiers-État était parvenue à s'en affranchir d'une manière à peu près complète ; les notables, les bourgeois de Paris et des villes franches, les officiers de judicature et de finance, les titulaires des charges multipliées à l'infini et vendues aux bourgeois pour remplir les coffres vides du roi, sont tous exempts. Au malheureux habitant des campagnes toute la charge; toutes les avanies, toutes les duretés, toutes les exécutions seront pour lui; s'il paye exactement, il sera augmenté l'année suivante; car indépendamment de l'intérêt qu'ont les collecteurs à enfler les taxes des bons payeurs, est-ce que les procès-verbaux, les contraintes, les frais des huissiers et recors n'augmentent pas les remises des receveurs qui touchent jusqu'à huit francs par jour pour un garnisaire auquel ils ne donnent que vingt sols?... S'il ne paye pas, on enlèvera de dessus les buissons ses hardes qui sèchent au soleil, on prendra ses meubles, son lit, on « *dépendra* », suivant l'énergique expression de Vauban, les portes de la maison, on arrachera les poutres, les solives, on enlèvera le toit lui-même s'il est couvert de tuiles!...

C'est ainsi qu'agit, en matière d'impôt, cette grande monarchie dont on nous vante les splendeurs. Quel spectacle! Autour du trône le luxe le plus effréné, la corruption la plus inouïe : seigneurs et prélats, traitants et courtisanes dépensent en prodigalités insensées cet impôt auquel ils ne contribuent même pas; eux, ces parasites d'un monde qui s'écroule, payer l'impôt, allons donc! Pour ces nobles débauchés, pour ces abbés coureurs d'alcôves, l'impôt est un déshonneur, et le peuple, le peuple seul est taillable et corvéable à merci. Toujours payer et recevoir en échange le mépris, tel est le lot du paysan avant 1789, et, en vérité, de quoi se plaindrait-il? Si l'on vend son lit et le berceau de son enfant, n'a-t-il pas la consolation de contribuer aux plaisirs de ce roi bien-aimé qui, dans les seize derniers mois de son règne, payait les raffinements voluptueux de la comtesse Du Barry deux millions quatre cent mille livres !...

Sous Charles VII, la taille produisait un million deux cent mille livres ; elle était de quatre-vingt-quinze millions sous Louis XVI, somme énorme si l'on réfléchit à la valeur de l'argent à cette époque, et si l'on pense que l'impôt foncier actuel n'est, en principal que d'environ cent soixante-douze millions, que le produit des terres a considérablement augmenté, et que la noblesse, le clergé et la plus grande partie de la bourgeoisie n'étaient pas assujettis à cet impôt...

VII

Établi en 1695, par Louis XIV, l'impôt de la *capitation* devait être temporaire, et disparaître avec la guerre qui l'avait rendu nécessaire. Mais, ainsi que le remarque si justement Adam Smith, *il n'est rien qu'un gouvernement apprenne plus vite que l'art de fouiller dans les poches du peuple ;* cette vérité de tous les pays s'appliquant surtout à la France où les taxes provisoires prennent racine avec une si remarquable facilité, la capitation était déclarée perpétuelle en 1745.

La capitation était un impôt personnel qui devait frapper chaque tête, chaque citoyen. La taxe était *générale*, mais perçue d'une manière différente. Pour ceux qui étaient soumis à la taille, elle était dégradante et dure ; elle s'appelait *capitation taillable*, et se prélevait au marc la livre de la taille. Pour les non taillables et les villes franches, la capitation était honorable et douce ; elle était répartie d'après des rôles dressés par les collecteurs, arrêtés par les Intendants, et ayant pour base un tarif réglé par le Conseil du roi ; répartition pleine d'arbitraire, puisque la classification des imposables dépendait de l'idée plus ou moins juste que les collecteurs avaient sur la fortune de chaque individu.

Pour les taillables, la capitation devait naturellement porter l'empreinte des vices de la taille qui lui servait de base ; pour les non taillables, c'était l'arbitraire. Des abus nombreux ne tardèrent pas à se produire ; le clergé, qui, aux Etats de 1614, avait refusé de payer les impôts parce que c'eût été « *diminuer l'honneur dû à Dieu*, » s'affranchit de cette nouvelle taxe moyennant des dons gratuits ; les puissants y échappèrent, et les faveurs et les intrigues firent retomber sur le menu peuple la plus grande partie du fardeau. Le compte-rendu de Necker constate que les taillables qui, dans le principe, ne payaient que le sixième de la capitation, payaient, en 1789, *les trois quarts* de la somme portée au budget !...

Le produit de la capitation s'élevait à 42 millions.....

VIII

Ainsi que son nom l'indique, *l'impôt du vingtième* établi par édit de mai 1749, devait être la vingtième partie du revenu des sujets du roi. Aux termes de cet édit, il était prélevé sur les propriétaires ou usufruitiers, nobles et roturiers, privilégiés et non privilégiés, sur le clergé, sur les rentes des particuliers, sur les revenus du commerce, de la banque et de la spéculation. Le principe de l'impôt du vingtième, qui exigeait des déclarations sincères, était parfaitement inapplicable au milieu d'une société dans laquelle le privilége était tout-puissant, et le bon plaisir du roi, la loi suprême!... Que venaient faire dans ce monde si profondément divisé et corrompu jusqu'aux moelles, les grands principes d'égalité et de justice?... L'impôt est considéré comme un déshonneur par les classes privilégiées, et vous venez leur demander en pleine putréfaction Louis XV, de déclarer leurs revenus pour qu'ils soient imposés!...

Ce qui arriva était facile à prévoir. Les nobles et le clergé se dérobent à l'impôt par des déclarations mensongères ; ils s'indignent de ce qu'on les force à livrer le secret de leur fortune. Plus on est riche, plus on a de facilités pour se soustraire à cette taxe du vingtième ; en doutez-vous ?... Lisez le préambule de l'édit du 2 novembre 1777 et vous y verrez que Sa Majesté a daigné remarquer que *c'est la classe la plus pauvre de ses sujets qui paie les vingtièmes dans la proportion la plus exacte...* ; et, savez-vous ce que disaient les parlements, les organes de la justice de cette époque ? Ils prétendaient que c'était un délit, un délit, entendez-vous ! de perfectionner les répartitions ; *qu'un vingtième ne devait pas être un vingtième pour tout le monde*, que ce ne devait être qu'un moyen de lever une certaine somme, et que les erreurs de la première assiette devaient être éternelles !...

Lorsque des magistrats avaient l'impudence de produire au grand jour de semblables idées, que pouvaient faire ceux qui étaient chargés de vérifier les déclarations et de porter les vingtièmes à leur véritable valeur ? Ils étaient réduits à accepter sans contrôle ce qui était déclaré par les nobles, le clergé, les magistrats et tous les puissants de l'époque ; de telle sorte que ces privilégiés ne payaient pas la moitié de ce qu'ils devaient, tandis que les pauvres sans protection acquittaient leurs vingtièmes avec la plus scrupuleuse exactitude.

Les trois vingtièmes, et les quatre sols par livre en sus du premier, produisaient 76,500,000 livres...

IX

Comme nous l'avons dit, les impositions indirectes étaient affermées à des compagnies de financiers, système déplorable qui entraînait les abus les plus révoltants. En 1765, l'auteur du livre de *la Richesse des nations*, Adam Smith, avait pu, en parcourant la France, apprécier les conséquences fatales de cette manière de percevoir les contributions ; il avait vu de près les traitants impitoyables qui pressuraient notre malheureux pays ; il avait pu se rendre compte de l'odieuse rapacité de ces fermiers généraux qui, suivant l'énergique expression du père de Mirabeau, « *saignaient le peuple à la gorge* »; il avait pu se convaincre que ces vampires des populations agricoles étaient soutenus par des courtisans intéressés dans leur régie sous le nom de *croupiers*, et que les honteux bénéfices réalisés par cette participation servaient à solder leurs débauches et à fournir des dots à leurs maîtresses: il avait enfin reconnu que le roi de France était leur complice et partageait leurs rapines, puisqu'à a clôture des comptes, il était d'habitude de lui envoyer de grosses sommes d'or dans des bourses de velours, et qu'en échange, tout était permis aux exploitants du revenu public; et alors, sous l'impression des infamies dont il avait été témoin, l'illustre économiste anglais stigmatisait le système des fermes en écrivant : *« que les lois les plus sanguinaires existaient dans les pays où le revenu est en ferme. »*

Les principales impositions indirectes étaient *les aides, le domaine, les traites et les gabelles.*

X

Lorsque l'impôt n'était pas permanent, on appelait du nom général d'*aides*, les subsides temporaires que le roi demandait à ses sujets, pour subvenir à ses besoins extraordinaires; avec la permanence des taxes, on ne désigna plus sous ce nom que les droits perçus sur les vins et les autres boissons vendus en gros ou au détail. Les aides n'existaient que dans les pays d'élections; des droits de même nature étaient établis en Languedoc sous le nom d'*équivalents;* en Bretagne, sous le nom de *devoirs,* etc...

Inégal de province à province, l'impôt des aides était de plus odieusement exercé par les employés de la régie générale. Avant d'arriver au consommateur, le vin avait à payer une telle quantité de droits que son prix était inabordable ; les vendanges faites, une armée de commis sonde les caves, visite les pressoirs et les celliers ; un inventaire des vins est dressé et l'on confisque ceux qui n'ont pas été déclarés ; chose à peine croyable ! un réglement prescrit la quantité de vin qui peut être consommée par un particulier, et s'il a le malheur de dépasser cette quantité, il payera à la régie un droit de gros, sous le nom de *gros manquant*. L'habitant des villes n'échappe pas à ces perquisitions ; s'il excède la consommation permise, il sera condamné pour fraude supposée à un droit de détail, le *trop bu*.

Le vin, la bière, les liqueurs ne peuvent être déplacés sans payer aux barrières des provinces, à l'octroi des villes, sous les ponts, sur les chemins, dans les auberges, dans les cabarets... Les droits pullulent : droits de gros, droits du vingtième, du huitième, du quatrième, droits d'entrée et de sortie des villes, ancien et nouveau cinq-sols, subvention au détail, rétribution aux inspecteurs des boissons, aux lieutenants de fermes, aux jaugeurs, aux courtiers, aux dégustateurs, etc., etc. Enfin, le dirons-nous ? on va jusqu'à percevoir des droits sur le marc de raisin que la charité distribue aux familles de mendiants !...

Sur deux cent cinquante mille agents qu'emploie, dans l'ancienne France, la perception de l'impôt, vingt-sept mille ont pour mission de fouiller les maisons et de pénétrer dans les caves. Il suffit d'une dénonciation calomnieuse pour être poursuivi, troublé dans son travail, dans son sommeil, et voir son domicile envahi par des commis qui ont intérêt à vous trouver coupables pour grossir leurs remises !... Des piéges sont tendus à la bonne foi du contribuable, et des employés, dont la parole suffit pour faire condamner, pousseront la fourberie jusqu'à signaler des citoyens chez lesquels ils auront eux-mêmes caché une matière de contrebande... Ceux qui sont chargés de réprimer la fraude l'inventent, et reçoivent un salaire pour avoir calomnié !...

C'est ainsi que se conduisent les *gens de bien* de la monarchie.

XI

On désignait sous le nom de *droits de traite* les impôts de douane intérieure et extérieure.

La France était divisée en provinces des cinq grosses fermes, en provinces réputées étrangères, en provinces dites étranger effectif, et en ports francs :

Les provinces des cinq grosses fermes payaient les droits d'entrée et de sortie aux frontières des provinces réputées étrangères ou aux frontières du royaume, d'après le tarif dressé par Colbert en 1664. Dans le territoire des cinq grosses fermes, les marchandises pouvaient circuler d'une province à l'autre sans être soumises à des droits de douane intérieure au profit du trésor ; elles n'étaient assujetties qu'aux droits locaux connus sous le nom de péages établis par les seigneurs et les villes.

Les provinces réputées étrangères étaient celles qui avaient été réunies à la France depuis François Ier ; elles n'avaient pas voulu adopter le tarif de 1664, et payaient des droits de traite pour les marchandises qu'elles tiraient d'une autre province de France, et pour celles qu'elles exportaient dans d'autres provinces françaises ; ces droits variaient à l'infini.

Les provinces dites l'Etranger effectif avaient stipulé, dans les traités qui les réunissaient à la couronne de France, que leur commerce avec l'étranger demeurerait complètement libre ; elles ne devaient des droits de douane que pour les marchandises qu'elles envoyaient dans les autres provinces françaises ou qu'elles en recevaient.

Les ports francs, au nombre de quatre, Dunkerque, Lorient, Bayonne et Marseille, ne devaient aucun droit de traite pour les marchandises reçues pour la consommation de ces villes ou pour la réexportation ; mais, en dehors de leurs murailles, ils payaient des droits pour les marchandises destinées à l'intérieur.

Il est facile de comprendre combien ces douanes intérieures, en isolant chaque province, étaient fatales au commerce et à l'industrie. L'échange et le transport des denrées rencontraient des difficultés souvent insurmontables ; les provinces étaient isolées par leurs barrières, et les bords des fleuves étaient couverts de bureaux dont les commis rançonnaient le voyageur, en lui demandant des droits de traite pour l'État, des droits de péage pour les seigneurs, les abbayes et les villes. Impôts insensés qui rendaient la circulation impossible ; une province mourait de faim tandis que le blé était en abondance et sans valeur dans une province voisine ; en passant de l'Orléanais en Normandie, une mesure de vin devenait vingt-quatre fois plus chère, tandis qu'un objet qui venait de Chine n'était payé que trois ou quatre fois ce qu'il avait coûté dans le Céleste-Empire ?...

XII

Que dirons-nous de la *gabelle*, de cet odieux impôt sur le sel ; sur le sel, cette denrée dont la nature est si prodigue ; sur le sel, dont la consommation est une nécessité pour les hommes et les animaux ? Sa perception résumait toutes les oppressions et toutes les iniquités du génie fiscal de l'ancien régime ; voyez ce qui existait, descendez au fond de vos consciences, et courez ensuite, si vous l'osez, voter pour les restaurateurs de monarchies !

Un édit rendu par Louis XIV en mai 1680, avait divisé la France en *provinces de grandes gabelles*, en *provinces de petites gabelles*, en *provinces franches*, en *provinces rédimées* et en *pays de petite saline*. Ces étranges distinctions exigeaient douze cents lieues de barrières, une armée de préposés, et donnaient lieu à une guerre continuelle entre les employés et les contrebandiers. Dans un mémoire présenté en 1787 à l'assemblée des notables, un ministre de Louis XVI, qui n'est pas suspect d'hostilité envers la monarchie, Calonne, déclarait que cette division de la France occasionnait par an plus de 4,000 saisies domiciliaires, plus de 3,400 emprisonnements, et plus de 500 condamnations à des peines capitales ou afflictives !...

Le roi avait seul le droit de vendre le sel ; il concédait ce droit par bail, pour un certain nombre d'années et moyennant un prix déterminé, à des fermiers généraux.

L'exagération du prix du sel et les différences

considérables qui existent dans son prix, de province à province, entraînent les plus effroyables conséquences. La contrebande s'organise sur la plus vaste échelle; le foyer domestique est livré aux perquisitions les plus vexatoires et à la brutalité des commis; les prisons sont trop petites pour contenir les milliers d'hommes et d'enfants qui y sont entassés sur un simple soupçon; la justice enfin, la justice du grenier à sel est à la solde du fermier général, et envoie chaque année des centaines d'hommes au gibet et aux galères!...

C'est en vain que l'on cherche à combattre la contrebande; elle est excitée par les énormes différences de prix qui existent entre les provinces. La Bretagne est exempte de cet impôt; dans l'Artois, province franche, le sel vaut quatre livres le quintal, tandis qu'on le paye soixante-deux livres dans la Picardie, la Bourgogne, la Touraine et toutes les provinces de grande gabelle; ce qui se vend huit livres en basse Auvergne et en Poitou, pays rédimés, coûtera trente-quatre livres dans la haute Auvergne, le Languedoc, le Dauphiné et toutes les provinces de petite gabelle...

Un pareil impôt offrait donc de grands bénéfices à la contrebande; aussi ne faut-il pas s'étonner de voir des populations plongées dans la misère, ne pas craindre de s'exposer aux galères et à la mort, en vendant du sel à meilleur marché que la ferme générale. Combien de périls bravés et de crimes commis pour transporter le sel des pays exempts dans les pays de gabelles!... Que d'efforts et de ruses employés dans les pays de gabelles pour se procurer du sel de contrebande!... On dressait les petits enfants à la contrebande!... Ce monstrueux impôt de la gabelle était devenu, pour le peuple, l'école de la dissimulation et du crime...

L'énergie de la fraude appelait fatalement l'atrocité de la répression, et l'on sent un frisson courir dans ses veines en lisant dans l'Ordonnance de 1680 « *que ceux qui se trouveront saisis de faux sel ou convaincus d'en faire trafic, seront condamnés, les faux sauniers avec armes, aux galères pour neuf ans et à 500 livres d'amende, et, en cas de récidive*, PENDUS ET ÉTRANGLÉS... « Cette ordonnance de 1680 est signée par le grand roi, le roi Soleil, comme aimait à s'entendre appeler ce dilapidateur couronné qui a nom Louis XIV !

Mais ce n'est pas tout. Vous croyez peut-être que le peuple aura le droit de se priver de sel et de se soustraire, par cette cruelle privation, à l'écrasement de l'impôt ? Comme vous connaissez mal ce dont est capable la monarchie, ce régime du bon plaisir ! Pour remplir ses caisses, elle n'hésite pas, par l'Ordonnance de 1680, à rendre *obligatoire* la consommation du sel. L'économie est défendue au pauvre par Ordonnance royale ; toute personne, âgée de plus de sept ans, devra acheter au grenier du roi neuf livres de sel dans les pays de grandes gabelles, et douze livres dans lés pays de petites gabelles. Ce sel sera désigné sous le nom de *sel du devoir*, et destiné au pot et à la salière, ce qui veut dire qu'il ne devra être employé qu'à la consommation personnelle ; il ne pourra être utilisé pour la salaison, ni être revendu, sous peine de confiscation et d'amende. Le sel dont on aura besoin pour les salaisons devra être directement levé au

grenier, où l'on recevait un *billet de gabellement*
que l'on était dans l'obligation d'exhiber à chaque
instant aux préposés de la ferme générale, sous peine
de confiscation et d'amende.

Ajoutons que les nobles et les prêtres ne pouvaient
être contraints par corps ; que le roi faisait faire à la
noblesse, au clergé, à la magistrature et à ses favoris,
des distributions gratuites de sel sous le nom de *franc
salé*, et qu'à l'heure même de ces distributions scan-
daleuses, le pauvre voyait son domicile envahi et ses
hardes saisies, parce qu'il ne pouvait acheter la quantité de sel qu'il devait consommer !...

Dirons-nous que le sel, si nécessaire à l'homme,
est également utile aux animaux, et que, par suite de
sa cherté excessive, le paysan ne pouvait pas en donner
à son bétail ? Il était même défendu de faire approcher
les bestiaux des pâturages situés sur les bords de la
mer ; ils auraient pu boire l'eau salée du rivage, et
cela sans payer !...

Parlerons-nous des fraudes qui se commettaient au
grenier à sel ? des supercheries honteuses auxquelles
se livraient les mesureurs ? des précautions coupables
qu'ils employaient pour empêcher le tassement du sel
et laisser des vides dans la mesure ? des honteux bénéfices ainsi réalisés, désignés par la ferme sous le nom
de *Bons de masse*, et partagés chaque année avec les
juges des greniers à sel, dont on payait ainsi les com-
plaisances ?

Faut-il ajouter ?..... mais, à quoi bon ? En voilà
assez pour sentir son âme déborder de haine contre
un régime qui a pu produire de semblables infamies.
Et quant à vous, habitants des campagnes, qui dans

votre simplicité pouvez encore avoir confiance dans la bonté des rois; vous qui, dans votre ignorance, pouvez encore désirer un maître, un gouverneur, comme vous dites, n'oubliez, n'oubliez jamais ce dont sont capables ces monarques auxquels vous confiez si imprudemment vos destinées!... Souvenez-vous, défiez-vous, et instruisez-vous...

XIII

Indépendamment des impôts dont nous venons de parler, il y avait encore :

Les impositions sur les actes et contrats, qui comprenaient : les *droits de contrôle, d'insinuation, du centième denier* sur les ventes d'immeubles, et le *droit de franc-fief* dû par le roturier qui avait l'audace d'acheter une terre noble. Bien entendu que tous ces droits étaient établis au désavantage du pauvre; c'est ainsi que les cent premières livres d'un acte payaient double droit; le droit simple était dû de 100 livres à 10,000 livres; toutes les sommes dépassant 10,000 livres ne payaient plus qu'un droit léger ! Impôt progressif en raison de la misère.....

Il y avait encore :

Les *droits sur les postes,* sur les *messageries,* sur les *bestiaux vendus aux marchés de Poissy et de Sceaux.*

Il y avait encore :

Les *revenus casuels,* comprenant les droits établis à la mutation des charges, à la réception dans les communautés de marchands ou jurandes, et dans les maîtrises d'arts et métiers, etc.

Il y avait encore :

L'impôt du *marc d'or* à l'occasion des brevets, des concessions de priviléges, etc.

Il y avait enfin l'impôt de la loterie !...

Avons-nous fini ?... Non ! car nous n'avons encore parlé ni de la *milice*, ni de la *corvée*, ni des *affaires extraordinaires*.

XIV

L'obligation du service militaire, imposée sous le nom de *milice*, ne pesait, au dix-huitième siècle, que sur le peuple, et principalement sur le paysan. A moins d'être marié, on pouvait être appelé jusqu'à quarante ans; le remplacement était interdit; tout espoir d'avancement défendu. La révision est pleine d'arbitraire; pour la milice comme pour les autres charges, la faveur crée de nombreuses exceptions qui augmentent les chances fatales du pauvre paysan et rendent les bons numéros inutiles.

Le nom seul de milicien fait horreur; pour se soustraire à cette charge, le paysan s'enfuit de sa misérable cabane et se sauve dans les bois, où il est traqué à main armée, comme une bête sauvage... Hâtons-nous de le dire, tout cela était naturel dans une société où l'on proclamait *que la médiocrité de la solde du soldat, la manière dont il est habillé, couché, nourri, et son entière dépendance, rendraient trop cruel de prendre un autre homme qu'un homme du bas peuple.* Il fal-

lait la commotion de 1789 pour arriver à comprendre
que le paysan était fait de chair et d'os comme le noble,
le prêtre et le bourgeois.

XV

La *corvée royale* ne date que du commencement
du dix-huitième siècle : jusqu'à cette époque les grands
chemins, les chemins du roi, avaient été plus ou
moins bien entretenus, soit par l'Etat, soit par les
propriétaires riverains. Appliquée d'abord d'une manière partielle comme expédient, elle fut généralisée
dans tout le royaume en 1737 par le contrôleur général Orry, et son poids devint bientôt insupportable
pour l'habitant des campagnes. On peut en juger par
le fait suivant que relate Necker : « Dans la petite
province du Berri, 517 paroisses étaient chaque année
commandées pour la corvée ; elles devaient fournir,
pendant huit jours, *quarante mille manœuvres, douze
mille voitures, vingt-quatre mille chevaux ou paires
de bœufs*, c'est-à-dire un total de trois cent vingt
mille journées de manœuvres !... de cent quatre-vingt-
douze mille journées de chevaux ou de paires de
bœufs !... et de quatre-vingt-seize mille journées de
voitures !... En 1787, en Basse-Normandie, la corvée
était évaluée, en argent, à la somme énorme, pour
cette époque, de sept cent mille livres !... Ces chiffres
ont leur éloquence ; paysans, ne les oubliez pas...

Ce n'était pas assez de traîner le malheureux
corvéable sur des chemins dont il ne se servira jamais,
et de le condamner à travailler sans salaire. La

monarchie ne sait pas mesurer les misères de ce nègre français qui s'appelle le paysan, et elle appliquera la corvée à tous les travaux. C'est la corvée qui bâtira les casernes; c'est la corvée qui devra charrier les forçats, et comme le paysan accomplira ce service avec une légitime répugnance, il sera maltraité par des gardes chiourmes grossiers et brutaux; c'est la corvée qui transportera les effets militaires lorsque les troupes changeront de place; charge horriblement lourde, parce qu'elle retombe sur un petit nombre de paroisses qui y sont exposées par leur situation; parce qu'elle exige un déplacement de cinq, dix et quinze lieues; parce que la rétribution est à peine égale au cinquième de la dépense; parce que cette corvée a presque toujours lieu au moment de la récolte; parce que les bœufs surmenés tombent presque toujours malades et souvent meurent; parce qu'enfin le paysan, qui est considéré comme un être inférieur, est exposé à toutes les exigences, à toutes les vexations et à toutes les violences des militaires qui vont jusqu'à piquer les bœufs de leur épée, pour hâter une marche trop lente au gré de leur impatience.

C'est la corvée qui transportera les bois de la marine. Les marchés passés avec l'administration n'autorisent pas les fournisseurs à s'en servir, mais qu'importe?.. il en résultera pour eux une grande économie et cela suffit. Écoutez ce subdélégué de l'Intendant de Tours qui, en 1776, fait le compte de la rémunération à laquelle ont droit les corvéables pour le transport de ces bois : « Distance pour transporter les bois du lieu où ils sont abattus à la rivière,

par des chemins de traverse presque impraticables,
six lieues; temps employé pour aller et venir, deux
jours; pour l'indemnité des corvéables, le pied cube à
raison de six liards par lieue, cela fera *treize livres
dix sols* pour le voyage, ce qui est à peine suffisant
pour couvrir la dépense du petit propriétaire, celle de
son aide, et des bœufs ou chevaux dont il faut que
sa charrette soit attelée. *Ses peines, son temps,* le
travail de ses bestiaux, tout est perdu pour lui. »

Cette même année 1776, le 3 février, un ministre
qui a été véritablement grand parce qu'il a pris la
défense des classes laborieuses, communique au Parlement un édit qui abolit la corvée et la remplace par
une addition à l'impôt des vingtièmes. Savez-vous
ce que répondent les magistrats du Parlement, ces
hommes que l'on a audacieusement posés comme les
revendicateurs de nos droits, tandis qu'en réalité ils
n'étaient que les défenseurs de leurs priviléges? « *Le
peuple,* disent-ils, *est taillable et corvéable à merci;
c'est une partie de la Constitution que l'on ne peut
changer!...* » De son côté, la noblesse, par l'organe
du prince de Conti, déclare, qu'il n'était pas permis
de substituer un impôt à la corvée, *parce que ce
serait effacer sur le front de la plèbe la tache origi-
nelle de la servitude!...*

Turgot ne perd pas courage, et, grâce à une énergie
qui sera son éternel honneur, le 12 mars 1776 le
parlement était obligé d'enregistrer l'édit qui abolis-
sait la corvée. Le ministre des classes pauvres ne
pouvait pas rester longtemps le ministre du roi, du
clergé et de la noblesse; il expie bientôt son attache-
ment au peuple en tombant du pouvoir, et alors les

4

parlements, dans leur intérêt et dans celui des classes privilégiées, obtiennent la déclaration du 11 août 1776; la corvée est rétablie. Mais patience!.. des signes certains annoncent que l'heure de la justice va sonner; 1789 viendra venger la chute de Turgot.

XVI

Ne terminons pas cette énumération bien longue et cependant encore bien incomplète des impôts perçus au profit du roi, sans dire un mot des *affaires extraordinaires*. Affaires bien extraordinaires, en effet, que celles qui consistaient à remplir la caisse du trésor royal : par des aliénations de droits domaniaux; par la vente des lettres de noblesse; par des emprunts en rentes perpétuelles ou viagères réparties en forme d'impositions sur les villes ou déguisées sous la forme attrayante de tontines; par la création d'un nombre incroyable de charges et d'offices qui sont impudemment vendus, supprimés, recréés et revendus; par des promesses de fermiers généraux et des billets de receveurs généraux; par des anticipations qui dévorent l'avenir; et enfin, par une audacieuse altération des monnaies.....

La monarchie tient bureau pour la vente des charges et des offices. Elle ne se contente pas d'en créer un nombre scandaleux, de les vendre pour les supprimer peu de temps après par ordonnance royale, et de les rétablir afin de les vendre de nouveau; les offices deviennent alternatifs ou même triennaux, c'est-à-dire que pour le même emploi on crée deux ou trois titulaires, qui exercent chacun à leur tour pendant une année ; il en était ainsi pour les receveurs de tailles et pour les receveurs généraux. Louis XIV se livre à ce honteux commerce sur une si vaste échelle, qu'il craint que les acheteurs ne viennent à manquer, mais son ministre Pontchartrain le rassure par ces mots qu'il faut rappeler : *Sire, chaque fois que votre Majesté crée un office, Dieu crée un sot pour l'acheter.*

Le commerce des lettres de noblesse n'est pas moins scandaleux : on fait des fournées d'anoblis ; peu de temps après, on leur enlève leurs lettres d'anoblissement pour les leur revendre un bon prix un peu plus tard, et comme Pontchartrain connaissait bien le monde vaniteux au milieu duquel il vivait, les sots ne manquaient jamais.

Le grotesque se joint à la honte, et la royauté en est réduite à créer les offices et les dignités les plus ridicules. C'est ainsi que l'on invente la dignité des conseillers rouleurs et courtiers de vins..., des conseillers du roi contrôleurs aux empilements de bois..., des contrôlenrs visiteurs de beurre frais..., des essayeurs de beurre salé, etc..., etc...

Est-ce assez de scandales ?... Non ! Les rois, comme les simples citoyens, ne s'arrêtent plus dans la voie de l'infamie une fois qu'ils y sont engagés. Il y a *les Ordonnances du comptant* (1) ; ces simples mots tracés par la main du roi, couvraient toutes les dépenses

---

(1) Ces ordonnances énonçaient la somme à prendre dans les caisses du Trésor ; mais elles ne portaient ni le nom des personnes, ni l'objet de la dépense...

dont la cause n'était connue que du monarque. C'est avec des Ordonnances du comptant que Louis XIV payera son luxe insensé, et gorgera d'or ses favoris, ses maîtresses et ses bâtards ; c'est avec des Ordonnances du comptant que le régent soldera ses infâmes débauches, et que Dubois, qu'il appelle « SON DRÔLE », achètera de Rome son chapeau de cardinal ; c'est avec des Ordonnances du comptant que Louis XV enrichira la Pompadour, dépensera cent millions pour créer le Parc-aux-Cerfs où seront étouffés les cris des victimes de la luxure royale, et comptera dans seize mois *deux millions quatre cent mille livres* à la courtisane qui sera chargée de réveiller ses sens blasés ; c'est enfin avec des Ordonnances du comptant que Marie-Antoinette entretiendra à la cour un faste qui insulte à la misère dans laquelle gémit la nation...

Voulez-vous des chiffres ?... Prenons-les au hasard, ils se passent de tout commentaire... Au moment où Colbert succède à Fouquet, il a été dépensé dans cinq ans, pour fausses Ordonnances et bons du comptant, *trois cent quatre-vingt-quatre millions* !... Vous en doutez ; c'est M. d'Audiffret qui le déclare dans son système financier de la France ; c'est là une autorité que ne récuseront pas les partisans de la monarchie. En 1721, il existe pour 185 millions d'acquits du comptant ; en 1779, 115 millions ; en 1783, 145 millions ; en 1785, 137 millions, etc...

Cet exemple que donne le roi est suivi par tous ceux qui l'entourent. Le pillage du trésor public est à l'ordre du jour ; le scandale éclate partout ; le cardinal Mazarin laisse en mourant une fortune de cent millions ; Fouquet, surintendant des finances, vole cinquante millions dans six mois ; en mars 1716, la Chambre de justice, établie pour faire rendre gorge aux [traitants, constate que 4,410 personnes, entrées sans fortune dans les finances, possédaient pour huit cent millions de propriétés au soleil : en 1721, on distribue vingt millions de pensions, dites de cour, etc...

Grâce à ces dilapidations, dont il nous serait malheureusement trop facile de multiplier les tristes exemples, et dont le livre rouge viendra, en 1790, donner le lamentable catalogue, le trésor royal, constamment en état de banqueroute, est tellement à sec que l'on a toujours besoin de recourir à ces expédients que l'on décore du nom d'affaires extraordinaires, à ces traitants que Bois Guilbert appelle si justement « *les entrepreneurs de la ruine du roi et de ses peuples,* » et auxquels on emprunte à 25 pour cent. Le trésor royal est tellement à sec en 1714, que malgré la paix générale rétablie depuis un an, Louis XIV, pour se procurer huit millions, est obligé de remettre à un banquier trente-deux millions de billets, qui sont négociés à Gênes et dans d'autres pays étrangers ; il est tellement à sec sous Louis XV, que ce roi en est réduit à la honte d'ouvrir une souscription, sous le prétexte menteur de remplacer l'Hôtel – Dieu par quatre hôpitaux situés à l'extérieur de Paris ; il est tellement à sec sous Louis XVI, que Calonne, après avoir jeté au vent des centaines de millions, s'abaisse jusqu'à enlever la recette de l'Opéra !... Voilà où en était réduite la monarchie en 1789, au moment où éclate la grande Révolution qui devait faire voler en morceaux le trône des Bourbons, et réduire en poussière tous ces droits féodaux dont nous allons nous occuper.

XVII

Après les impôts du roi, les priviléges de la noblesse. La plupart de ces priviléges que l'on désigne sous le nom de *droits féodaux*, se rattachent au sol et à ses produits ; c'est donc sur le cultivateur, sur l'habitant des campagnes, que retombent ces servitudes si lourdes et si vexatoires.

Enumérons les principaux droits féodaux qui étaient exercés au moment de la Révolution de 1789 :

Le servage existait encore dans les provinces de l'Est ; dans ces provinces qui sont régies par *les coutumes serves*, les terres portent les traces de l'ancienne servitude. Le servage était personnel où réel : *la servitude personnelle* était inhérente à la personne, et la suivait partout ; le seigneur pouvait revendiquer cette servitude par droit de suite partout où le serf allait, partout où il transportait son avoir ; le seigneur recueillait la succession du serf mortaillable. *La servitude réelle* résultait de la détention d'une terre ; elle pouvait cesser en abandonnant cette terre, ou en n'habitant plus certain lieu.

Les droits de haute, moyenne, et basse justice :

Mais pourquoi appliquer ce nom sacré de justice à ce droit féodal qui n'était qu'un moyen de se procurer des *revenus* en ruinant le malheureux habitant des campagnes ?

La justice seigneuriale !... elle était si odieuse aux populations que les habitants du haut Limousin ajoutaient à leurs prières : « *Délivrez-nous de tout mal et de la justice !* » Voulez-vous savoir ce qu'était cette justice : Ecoutez ce qu'en dit Loyseau, le spirituel auteur des *Mangeries de villages* : « Qui est le « pauvre paysan qui, plaidant de ses brebis et de « ses vaches, n'aime mieux les délaisser à celui qui « les détient injustement, qu'être contraint de passer « par cinq ou six justices avant qu'avoir arrest ? Et « s'il résout de plaider jusqu'au bout, y a-t-il brebis « ni vache qui puisse tant vivre ? Voire que le « maître même mourra avant que son procès soit « jugé en dernier ressort.....

« ..... Il est notoire que c'est la ruine d'un village « d'y avoir une justice... S'il y a un bon ménager dans « la paroisse, les chicaneurs lui courent sus et ne ces- « sent qu'ils ne l'aient ruiné. Quand le temps de la ré- « colte vient, toutes les terres sont saisies faute de foi, « faute de cens, faute de paiement des rentes ; de sorte « qu'au lieu de cueillir la gerbe il faut aller chicaner ; « c'est le rustre qui sème et la justice qui récolte.....

Edme de Fréminville, qui écrivait en 1750, évalue les droits perçus par la justice seigneuriale au vingtième des revenus de la terre. Du reste, la justice du roi ne se rendait pas à meilleur marché ; on peut juger par le fait suivant de l'élévation des frais judiciaires. En 1744, le trésor devait sept millions de gages aux parlements ; le contrôleur général Orry supprima cette dette, en y substituant une addition de deux sous par livre ou d'un dixième aux droits de greffe et aux épices déjà existants. On peut ainsi avoir une idée de ce que coûtait aux plaideurs l'administration de la justice dans tous les présidiaux du royaume, puisque, pour les magistrats des parlements, le dixième en sus des droits et épices établis pouvait remplacer pour ces Compagnies les sept millions dus par l'Etat. Les frais judiciaires sont encore une des plaies de notre société, et le fléau de nos campagnes.

Le *cens*, redevance perpétuelle en nature et argent que certains biens payaient annuellement au seigneur du fief dont ils relevaient. Il est indivisible, c'est-à-dire que l'on peut s'adresser à celui des possesseurs que l'on veut pour réclamer le cens entier dans le cas où le domaine assujetti au cens aurait été divisé; il est imprescriptible, ce qui veut dire qu'en cas de vente du domaine sujet à cens, le propriétaire est exposé au *retrait censuel*, acte qui consiste à reprendre la propriété au prix de la vente.

Les *lods et ventes*, redevances qu'un seigneur avait le droit de prendre sur la vente des propriétés. En pays de droit coutumier, tout héritage censuel produit des lods et ventes; ces droits existent également dans les pays de droit écrit, et s'élèvent habituellement au sixième du prix de vente. Partout le cens crée au seigneur un privilége qui prime toutes les autres créances.

Le *droit de danger*, droit du dixième que l'on est obligé de payer au seigneur pour avoir la permission de vendre un bois.

Le *terrage* ou *champart*, portion des fruits que le seigneur perçoit sur les héritages donnés à cens. Il est *seigneurial* ou *foncier* : seigneurial il est imprescriptible ; foncier, il se prescrit par trente ans comme les rentes foncières. L'élévation de ce droit varie suivant les contrats et les coutumes ; la terre sujette au terrage ne peut être hypothéquée sans le consentement du seigneur.

Les *dîmes inféodées*, qui ne sont pas exigibles par le fait seul de la seigneurie, mais qui en général résultent d'un contrat. Elles se perçoivent sur toutes les récoltes et sur les provenances des bergeries et des basses-cours. Au moment de la Révolution, s'élève encore à côté du château un grand bâtiment servant de grange dîmeresse où, suivant les saisons, les paysans amenaient des agneaux, des veaux, des pourceaux, des chevreaux, des oisons, des dindons, des poulets, des gerbes, des raisins, de la laine, de la farine, des châtaignes, du gland, des fruits, du foin, du bois, des pois, des lentilles, des fèves, des millets, etc., etc.

La *parcière*, droit sur la récolte des fruits produits par les héritages. Ces redevances, à peu près semblables au terrage ou à la dîme inféodée, existaient principalement dans le Bourbonnais et l'Auvergne.

Le *carpot*, droit de prélever une partie de la récolte des vignes, le quart de la vendange. Il était par rapport aux vignes ce qu'était le champart par rapport aux terres labourables.

Le *bordelage*, droit qui existait en Nivernais et en Bourbonnais. Il consistait en une redevance annuelle en argent, grains et volailles due par l'héritage tenu à cens. Droit très-rigoureux, puisqu'en cas de non payement pendant trois ans, il donnait lieu à ce que l'on appelait la *commise* ou confiscation au profit du seigneur. Ce contrat rigoureux avait fini par être restreint par la jurisprudence, aux héritages ruraux. Avant 1789, c'est toujours le paysan qui est « le mulet prêt à recevoir toutes les charges ». Le bordelier ne pouvait démembrer les biens qu'il avait en bordelage; ses collatéraux ne pouvaient lui succéder, et s'il vendait l'héritage, le seigneur pouvait ou le retenir en remboursant l'acquéreur, ou prendre la moitié du prix passé par le contrat.

Le *marciage*, redevance due à la mort du seigneur par les possesseurs d'héritages ou de terres à cens; c'est un droit particulier perçu dans peu de lieux.

Les *corvées*, droit qu'a le seigneur d'employer à son profit et sans salaire les hommes et les animaux qui dépendent de sa seigneurie. La corvée peut être *personnelle* ou *réelle*; la corvée personnelle est due par tout homme qui travaille et qui a son domicile dans la terre du seigneur; chacun doit la corvée suivant son métier. La corvée *réelle* est attachée à la possession de certains héritages. Ainsi qu'il est facile de le comprendre, il y avait des corvées de toute nature : corvées de charrue, corvées des semailles, corvées du sarclage, corvées de la fauchée, corvées du fanage, corvées du voiturage, corvées des vendanges, etc... Le paysan passait sa vie à faire des corvées pour le roi et le seigneur; quel temps lui restait-il pour travailler à sa terre?

Sont exempts de la corvée : les nobles, les prêtres les officiers de justice, les médecins, les avocats, les notables, les notaires. L'exemption avait été contestée à ces derniers; mais un arrêt du 15 août 1735 décide l'exemption d'un notaire,-que son seigneur voulait obliger à venir pendant trois jours, dresser pour rien les actes de sa seigneurie. Un autre arrêt de 1750 était obligé de déclarer que lorsque la corvée était due, *soit en personne, soit en argent*, on devait laisser le débiteur *choisir* son mode de libération.

Les *banalités*, droit qu'avait un seigneur d'assujettir les habitants de sa seigneurie à se servir de son moulin et de son four. Indépendamment de la banalité du moulin à farine et du four, il y a encore celle du pressoir, du taureau, de la boucherie, des moulins à drap à écorce, à chanvre. La banalité des moulins industriels est établie notamment par les coutumes d'Anjou, du Maine et de Bretagne; celle du pressoir, par les coutumes du Maine et de Lorraine; celle du taureau et de la boucherie, par des titres particuliers.

Les provinces de Flandre, d'Artois et de Hainaut, sont seules exemptes de banalités.

Le *ban des vendanges*, droit de police attaché à la haute justice seigneuriale, et pour l'exercice duquel le seigneur haut justicier n'a besoin d'aucun titre; les coutumes de Bourgogne donnaient au seigneur le droit de vendanger un jour avant les autres propriétaires.

Le *droit de banvin*, droit que possédait le seigneur de vendre le vin du crû de sa seigneurie pendant un certain temps avant les autres propriétaires de vignes; ce temps est en général fixé à un mois ou quarante jours. Ce droit est établi et réglé par les grandes coutumes de Tours, d'Anjou, du Maine et de la Marche; un arrêt de la Cour des Aides, en date du 28 août 1751, autorisait des cabaretiers à vendre du vin pendant la saison de banvin, mais par exception et à la condition expresse que ce vin ne sera vendu qu'aux étrangers, et que ce sera le vin du crû appartenant au seigneur....

Le *droit de blairie*, dû au seigneur haut justicier pour la permission qu'il accordait aux habitants de faire pacager leurs bestiaux sur les terres situées dans l'étendue de sa justice, ou bien sur les terres vaines et vagues. Ce droit n'existait pas dans les pays de droit écrit, c'est-à-dire dans les provinces qui observaient le droit romain ; mais on le trouvait sous différents noms dans les provinces qui sont régies par le droit coutumier, et notamment dans le Bourbonnais, le Nivernais, l'Auvergne, la Bourgogne. Ce droit prenait sa racine dans cette idée que la propriété de tout le sol était originairement au seigneur, et qu'après en avoir distribué les meilleures parties en fiefs, en censives et en autres concessions moyennant redevances, il conservait le droit de disposer de celles qui ne servaient qu'au pacage vague. Le seigneur haut justicier peut seul prétendre au droit de blairie.

Les *péages*, droits perçus par le seigneur sur les marchandises pour le passage des ponts, rivières, et chemins situés sur la seigneurie. Le péage devait être fondé sur un titre émanant du roi ; il était intitulé : DE PAR LE ROI. Une des conditions des péages était d'y joindre un tarif de tous les droits que chaque marchandise devait payer, tarif qui devait être approuvé par un arrêt du Conseil. Mais, malgré ces précautions, exigées par l'ordonnance de 1669 et les édits de 1683, 1693, 1724, 1775, la valeur des péages ne fait qu'augmenter. Renauldon affirme qu'il connaît un péage affermé 100 livres en 1665 et qui rapportait 1,400 livres un siècle après, en 1765 ; un autre, affermé

39,000 livres, en rapportait 90,000. Pour donner une idée des péages perçus par le roi, les seigneurs et les villes, il nous suffira de dire que la Loire, de Saint-Rambert-en-Forez à Nantes, était sujette à vingt-huit péages ! Que sur la Saône, de Gray à Arles, il fallait s'arrêter trente fois et payer trente-trois droits différents, dont la valeur s'élevait de 25 ou 30 pour 100 de la valeur des marchandises ! Avec de semblables entraves, la circulation était pour ainsi dire impossible, et le commerce ainsi que l'industrie complétement paralysés.

Le *droit de leyde* auquel on donne plusieurs autres noms suivant les lieux, était une imposition prélevée sur les marchandises apportées aux foires ou marchés; ce droit n'appartenait qu'au seigneur haut justicier. Il percevait les amendes de police auxquelles il pouvait donner lieu, et réglait les poids et mesures dont on devait se servir dans les foires et marchés de la seigneurie.

Le *droit de bac*, prélevé sur les personnes, les animaux et les voitures, tandis que le droit de péage n'était établi que sur les marchandises. Le droit de bac devait également être autorisé par le roi; les droits à prélever devaient être fixés dans l'arrêt du Conseil qui le fonde ou l'autorise.

Les *droits sur les chemins* qui se trouvent dans l'étendue de la seigneurie. Les grands chemins ou chemins du roi n'appartenaient qu'au souverain; les seigneurs ou leurs juges n'avaient à s'occuper ni de leur création, ni de leur entretien, ni des délits qui s'y commettaient. Mais dans le territoire de la seigneurie, les chemins particuliers appartiennent au seigneur haut justicier; il perçoit des droits de voirie, de police, et ses juges connaissent de tous les délits qui s'y produisent, hors, bien entendu, les cas royaux.

Les *droits sur les fontaines, puits, routoirs, étangs.* C'est au seigneur qu'appartiennent les eaux pluviales des grands chemins, et il résulte de la manière la plus précise des coutumes de Troyes et de Nivernais, qu'il peut faire construire un étang dans l'étendue de sa justice, même dans la propriété des justiciables; il ne doit à ceux-ci que le prix de la partie submergée. Les particuliers ne peuvent en faire que sur leur propre fonds, et encore plusieurs coutumes les obligent à en demander la permission au seigneur.

Les *droits sur les eaux.* Aux termes de l'ordonnance de 1669, toutes les rivières *navigables et flottables* appartenaient au roi; les droits de pêche, moulins, bacs, pontonnages, etc., ne sont perçus par les seigneurs sur ces rivières que par suite de concessions royales. Le seigneur a droit de propriété, de justice et de police sur les rivières *non navigables* qui traversent sa seigneurie; dans le droit général, le seigneur haut justicier seul peut permettre la construction d'un moulin dans l'étendue de sa justice.

Quelques coutumes, — celles du Berri en particulier, — autorisent les justiciables à construire sans la permission du seigneur, un moulin sur la rivière seigneuriale qui traverse leur héritage ; celles de Bretagne n'accordent ce droit qu'aux particuliers nobles. Mais, répétons-le, en droit général, il faut la permission du seigneur haut justicier.

Le *droit de pêche* appartient au roi dans les rivières

navigables et flottables; lui seul peut en faire concession, et ses juges seuls connaissent des délits de pêche qui s'y commettent. Le droit de pêche appartient au seigneur haut justicier dans les rivières non navigables qui traversent sa justice ; il peut donner ce droit à fief ou à cens. Il n'est pas permis de pêcher, *même à la ligne*, sans la permission du seigneur haut justicier; un pêcheur qui se livrait à cet exercice, est condamné par un arrêt du 30 avril 1749.

Le *droit de chasse* était un droit personnel qui ne pouvait être affermé. Il est considéré comme un droit royal dont les gentilshommes eux-mêmes n'usent dans l'intérieur de la justice ou sur leur fief que par la permission du roi; telle est, du moins, la doctrine de l'ordonnance de 1669, tit. 30.

Le droit de chasse est interdit de la façon la plus absolue aux roturiers; un arrêt de 1668 oblige un roturier ayant parc dans une haute justice, à le tenir ouvert pour les plaisirs de son seigneur !...

Jusqu'à la révolution de 1789, le droit de chasse est pour l'habitant des campagnes la source des mesures les plus rigoureuses et les plus vexatoires.

Il suffit pour s'en convaincre de parcourir les prescriptions du règlement général des chasses de 1762.

Aux termes de ce règlement :

« Il est défendu de prendre, vendre ou acheter des œufs de faisans, perdrix ou cailles, sous peine de cent livres d'amende pour la première fois, du double pour la seconde, du fouet et du bannissement à six lieues de la forêt pour la troisième;

» Il est défendu, à peine d'amende arbitraire et de confiscation, de faucher ou arracher l'herbe avant la

Saint-Jean et même après, sans visite préalable et permission du garde du canton ;

« Il est défendu de cueillir, quoique mûrs, certains légumes sans accomplir la même condition ;

» Il est défendu, sous peine d'amende arbitraire, d'arracher les chardons et mauvaises herbes dans les blés ; de rôder dans les plaines et bois des capitaineries royales, hors des chemins ; d'y entrer pour ramasser le bois sec, les champignons ou toute autre chose ; d'avoir des chiens à une lieue des capitaineries ;

» Toutes les ouvertures des maisons autour des capitaineries, jusqu'à hauteur de douze pieds, doivent être garnies de grillages ; les portes doivent être constamment tenues fermées, afin qu'aucun chat ne puisse sortir ;

» Il est défendu d'enclore aucun terrain de haie vive ou sèche et de fossé, sans permission, et sans laisser de cinquante en cinquante toises, des passages pleins de quatre pieds de largeur ;

» Ceux qui ne peuvent payer l'amende de cent livres sont punis *corporellement* ou déclarés *personnes inutiles*, et chassés des capitaineries avec défense pour tous de les reçueillir, sous peine d'encourir les amendes qui frappent les inutiles. *Ces derniers peuvent être condamnés aux galères….* »

Ajoutons, pour montrer l'horreur d'un pareil régime, que chaque prince, chaque seigneur, pouvait établir ses capitaineries et imposer ses lois !...

Le *droit de colombier*. D'après certaines coutumes, le droit de colombier à pied appartenait seulement aux seigneurs hauts justiciers ; d'autres l'attribuent à tous les possesséurs de fiefs. En Dauphiné, en Bretagne, en Normandie, les nobles seuls peuvent avoir des pigeons; les peines prononcées contre ceux qui les tuent sont très-sévères ; souvent ce sont des peines afflictives!...

Le *droit de prélibation ou de cuissage* que l'on a cherché à nier, MAIS QUI ARÉÉLLEMENT EXISTÉ.

Tels étaient les droits féodaux généralement établis; il en existait une grande quantité d'autres, moins connus, moins étendus, que l'on ne rencontrait que dans quelques coutumes, dans quelques seigneuries, et qui étaient consacrés par des titres particuliers. Mais ceux que nous venons d'indiquer ne sont que trop suffisants pour bien faire comprendre combien était intolérable la situation du paysan français avant notre grande Révolution de 1789. Dans les campagnes, nous trouvons, d'un côté, les châteaux; de l'autre, les villages et les hameaux; les habitants du château autour desquels bourdonne une nombreuse livrée, vivent au milieu de l'oisiveté, du luxe et de l'élégance... Les villages et les hameaux se composent de mauvaises cabanes, au chaume effondré par la pluie, pleines de fumée, et n'ayant d'autre plancher que la terre battue; c'est là que sont entassés des êtres déguenillés, se levant avant le jour, se nourrissant de pain noir, souvent hélas! condamnés au jeûne, et courbés toute la journée sous le poids du travail dans les champs, dans les prés ou dans les vignes. Le château est le mauvais génie de la contrée. C'est pour ses plaisirs et ses fêtes que le village se lève avant le jour, sue, travaille, se nourrit de pain noir et jeûne!... C'est pour entretenir son luxe, que l'homme d'affaires du seigneur parcourt le village, tenant à la main son livre de recettes appelé *cueilleret*, et ramasse les rentes, les censives, les fruits, les volailles, etc..., ne laissant au paysan que sa misère !... Esclave du château, le paysan devra ressentir jusqu'à ses plaisirs et ses tristesses ; le seigneur est-il dans la joie ? le malheureux qui meurt de faim devra paraître joyeux. Est-il malade ? tout le village devra paraître triste. Meurt-il ? les villageois devront prendre le deuil de celui qui les a opprimés pendant toute sa vie, et l'église sera entourée d'une ceinture noire....

Et ce n'est pas tout. Il ne suffit pas que les campagnes soient exploitées par le roi et la noblesse, il faut encore qu'elles soient en butte aux rapines du clergé.

XVIII

Toutes les fois qu'un individu, une famille ou une nation seront exploités, cherchez bien et vous êtes sûr de trouver la main du prêtre. C'est ce qui arrive au dix-huitième siècle ; oubliant la noble mission qu'il devait exercer dans le monde, le clergé n'a qu'un but : accroître ses richesses, et, pour l'atteindre, il s'associe à toutes les corruptions, à tous les pillages de la royauté dont il est le satellite obligé, et à toutes les oppressions des classes privilégiées dont il partage les bénéfices.

Les seigneurs ecclésiastiques jouissent des mêmes priviléges que les seigneurs nobles ; des évêques, des chanoines, des abbés, possèdent des fiefs, des censives ;... le couvent a la seigneurie du village sur lequel il est placé, impose la corvée, lève des péages de toute nature, possède son four, son moulin, son pressoir, son taureau banal... Les possesseurs de bénéfices font gérer leurs biens par des intendants qui pillent et rançonnent les malheureux fermiers ; chaque intendant, à son installation, signifie congé à tous les fermiers, annule les baux qui n'ont pas été contractés avec lui, et met impitoyablement à la porte ceux qui ne veulent pas donner les augmentations ou payer de gros pots de vins. Les baux contractés avec l'intendant qui précède, ne créent pas une obligation pour le successeur qui peut, sans indemnité, priver les fermiers des années qui restent à courir...

Les moines mendiants pullulent, et rançonnent l'ignorance superstitieuse des campagnes.

Le clergé possède enfin, en France comme dans tout le monde chrétien, *le droit de dîme*. La dîme ! cette redevance qui enlevait au cultivateur le plus clair de sa récolte... La dîme ! ce tribut odieux qui appauvrissait les champs par l'enlèvement d'une grande partie des pailles qui sont leurs engrais naturels, et qui nuisait à l'intérêt général, en éloignant le paysan de la culture des céréales !... La dîme ! cette razzia ecclésiastique dont le nom seul fait encore frissonner d'instinct, et à juste titre, les habitants de nos campagnes... Comme il avait raison ce laboureur normand auquel son curé disait : « *Maître Pierre, si vous vouliez épierrer votre champ, y mettre du fumier, et y donner deux bons labours, vous pourriez y semer du froment* », et qui répondait, avec ce bon sens plein de malice que l'on rencontre souvent à la campagne : « *Vous avez raison, monsieur le curé, et si vous voulez faire à mon champ ce que vous dites là, je ne vous demanderai que la dîme !... »*

Un mot sur l'origine de cette inique confiscation d'une partie des produits agricoles au profit du clergé. En 398, dans un concile de Carthage auquel assistait saint Augustin, on traçait les devoirs de l'évêque de la manière suivante : « L'évêque doit avoir *son petit logis* près de l'église... ses meubles doivent être de vil prix... que sa table soit pauvre... qu'il soutienne sa dignité par sa foi et sa bonne vie... Il ne plaidera pas pour des intérêts personnels, lors même qu'on le provoquera... il ne s'occupera point de ses intérêts domestiques... *il recevra les biens de l'église comme dépositaire, mais non comme propriétaire...* » Quelle simplicité touchante !... Mais, hélas ! que les temps sont changés ! A cette époque, au quatrième siècle, la dîme n'était qu'une œuvre de charité *volontaire* de la part des fidèles, et les biens que reçoit l'Église, *sont à la veuve, au pauvre et à l'orphelin.*

Mais peu à peu la corruption s'infiltre dans les veines du clergé, et lui met au cœur la passion des richesses. Après la conquête des Gaules, il profite de la conversion des Francs pour obtenir sa part de dépouilles, ce qui fait dire à Clovis : *Saint Martin ne sert pas mal ses amis, mais il se fait payer trop cher de ses peines...* » De nombreux monastères se fondent et sont dotés par les rois de la première race ; des exemptions et des priviléges de toute nature sont accordés aux membres du clergé. Charles Martel s'empare d'une partie des biens déjà considérables de l'Église et les distribue aux chefs de son armée ; les évêques poursuivent ardemment la restitution de ces biens, et pour éteindre la lutte qui s'est engagée à cet égard entre les prêtres et les nobles, Charlemagne assure aux nobles la propriété définitive de ces biens, à la condition de contribuer aux réparations des églises et des monastères, et de payer au clergé *la dîme des récoltes.*

La dîme ne devait donc peser que sur les nobles, possesseurs des propriétés enlevées à l'Église. Mais le clergé ne sait pas s'arrêter dans la voie des envahissements : il menace de frapper de stérilité les champs de ceux qui ne payeront pas la dîme, et, abusant de l'ignorance des populations, il parvient au moyen de promesses et de menaces, à la rendre *générale.* L'avidité rapace du prêtre ne recule devant aucun moyen : on promet le paradis, on menace de l'enfer, on prêche la fin du monde, et l'effroi jeté dans les âmes crédules grossit le trésor de l'Église; les donations sont falsifiées; que dirons-nous enfin?... Des moines habiles à imiter l'écriture fabriquent des chartes en faveur des églises et des monastères!...

Les croisades deviennent une nouvelle source de richesses; les familles de ceux qui courent en Terre-Sainte sont audacieusement exploitées; saint Bernard, dont les prédications ardentes remuent tout le royaume, n'oublie pas les intérêts matériels de l'Église, et promet à ses auditeurs « *autant d'arpents* « *de terre dans le paradis, qu'on lui donnait de terre* « *ici bas.....* » Le paradis devenait une exploitation agricole!.....

Tout est taxé :

La naissance ! puisqu'à peine baptisé l'enfant ne

peut être détaché de l'autel sur lequel il était lié, qu'après une rançon payée par la marraine;

L'amour! car il faut un arrêt du parlement, en 1409, pour qu'il soit permis aux nouveaux mariés de passer ensemble les trois premières nuits de leur noces; ce qu'il ne pouvaient faire qu'en obtenant à prix d'ar- gent une permission de l'évêque...

L'agonie!... la présence du prêtre n'était-elle pas nécessaire pour valider un testament? Le mourant ne devait-il pas, sous peine de damnation éternelle et de privation de sépulture, y faire figurer un legs pour le clergé?...

La mort!... ne fallait-il pas acheter le droit d'être mis en terre sainte?...

Le lendemain de la mort!... car on peut lire sur des autels priviligiés : « *Ici se délivre une âme du purga- « toire à chaque messe...* » Et pour frapper l'imagi- nation des fidèles, les moines font partir derrière l'autel des petits feux d'artifices, qui indiquent le moment précis où l'âme délivrée prenait son vol vers le ciel.

Le crime, enfin!... oui, le crime, car celui qui viole une vierge sera absous moyennant sept livres quatre sous; celui qui tue son père, sa mère, son frère, sa sœur, n'aura à donner que six livres ; pour avoir brûlé la maison du voisin, sept livres quatre sous; et, pour soixante-seize livres dix sous, on obtiendra l'ab- solution générale, sans distinction de crimes !

Le clergé fait argent de tout ; aussi avec quelle ra- pidité s'accroît sa fortune !... Grâce à cette exploitation à la fois habile et impudente, l'Église de France pos- sédait en 1789 : 18 archevêchés, 113 évêchés, 1,922 abbayes, 13 chefs d'ordre ou de congrégation, 1,200 prieurés, 1,500 couvents, 3,700 cures, 2,760 canonicats, 1,380 dignités, 828 chapitres ou colléges...

La valeur des biens du clergé dépassait trois milliards !... Ces biens produisaient un revenu de quatre-vingts millions

A ce revenu des biens fonds il faut ajouter trente millions accordés par l'État pour frais de culte, entretien des églises et secours aux curés.

Enfin, le produit des dîmes prélevées chaque année sur les populations des campagnes était évalué par le clergé lui même à 133 millions !...

Au moment de la Révolution, le *revenu annuel* du clergé s'élevait, d'après les calculs les moins empreints d'exagération, à 243 millions !...

Mais, n'allez pas croire que tout le clergé participe dans une juste proportion à la répartition de ces immenses richesses. Là, comme dans la société civile, il existe des différences profondes ; pendant que les dignitaires de l'Église passent leur vie dans l'opulence, le bas clergé végète dans la médiocrité, et ne vit, le plus souvent, que des aumônes des fidèles. Que nous sommes loin de le simplicité, de la pauvreté et des vertus de la primitive Église !... Au dix-huitième siècle, les évêques habitent des hôtels magnifiques, possèdent de brillants équipages, de nombreux domestiques, une table somptueuse ; les abbés vivent loin de leurs moines ; les bénéfices sont scandaleusement accumulés sur une même tête, et les immenses revenus qu'ils produisent servent à payer le luxe des titulaires et celui de leurs courtisanes :

Dubois promène sa robe de cardinal au milieu des orgies et des infâmes débauches du Palais-Royal, et le cardinal de Rohan, avec cet or arraché aux campagnes, offrira à Marie-Antoinette pour plus d'un million de diamants!

L'évêque Jarante s'affiche avec une actrice qui, du fond des coulisses de l'Opéra, fait des promotions ecclésiastiques! A la Chaussée d'Antin, les prélats se pressent aux réceptions d'une danseuse!... l'évêque de Narbonne établit un sérail à son abbaye de Haute-Fontaine... Un grand aumônier de France, le cardinal de Montmorency, vit publiquement à Metz avec une abbesse, madame de Choiseul!... Dans le département du Gers, à Granselve, les bernadins célèbrent la fête de leur patron par des orgies qui durent quinze jours; on accourt de vingt lieues à ces fêtes; l'abbaye forme avec ses nombreuses dépendances une petite ville; il y a le quartier des dames, où chacune trouve dans son appartement les objets nécessaires à l'habillement et a sa toilette; chaque religieux a ses chevaux et sa maîtresse; on chasse, on joue, on danse, on soupe; on ne courait dans cette abbaye d'autres dangers, ajoute l'historien qui rapporte ces faits et *qui en a été témoin*, que celui des indigestions et des apoplexies entre les bras des femmes!...

Mais, en voilà assez; il est temps de sortir de cette fange monarchique; l'heure de la rédemption populaire approche, et nous allons pouvoir enfin porter nos regards fatigués d'infamies sur des spectacles qui viendront reposer nos âmes, en consolant et vengeant l'humanité...

XIX

Répétons-le : avant 1789, la France n'était pas gouvernée, mais exploitée par le roi, les nobles et les prêtres, et nous n'avons présenté qu'un tableau affaibli des charges écrasantes qui accablaient les habitants des campagnes. Nous pouvons, à cette égard, invoquer des témoignagnes irrécusables, car du sein de cette corruption de l'ancien régime, s'élevèrent des voix généreuses pour signaler les effroyables misères des populations, et quelles voix?...

C'est un ministre de Louis XIV, le grand Colbert, qui, le 29 mai 1675, écrit au duc de Lesdiguieres gouverneur du Dauphiné : « Monsieur, je ne puis « différer de vous faire savoir la misère où je vois « réduite cette province; le commerce y cesse abso- « lument, et de toutes parts on vient me supplier de « faire connaître au roy l'impossibilité où l'on est de « payer les charges. Il est assuré, Monsieur, et je « vous parle pour en être bien informé, que la plus « grande partie des habitants de ladite province n'ont « vécu pendant l'hiver que de *pain de glands et de* « *racines*, et que présentement on les voit *manger* « *l'herbe des prés et l'écorce des arbres.....* »

C'est Fénélon, précepteur d'un héritier du trône et archevêque de Cambrai, qui écrit en 1695, à Louis XIV, les lignes suivantes : « Vos peuples meurent de « faim. La culture des terres est presque abandonnée; « les villes et les campagnes se dépeuplent; tous les « métiers languissent et ne nourrissent plus les ou-

« vriers. *Tout commerce est anéanti... Au lieu de*
« *tirer l'argent de ce pauvre peuple, il faudrait lui*
« *faire l'aumône et le nourrir. La France entière*
« *n'est plus qu'un grand hôpital désolé et sans pro-*
« *visions... La France est aux abois.* Qu'attendent
« ceux qui vous entourent pour vous parler franche-
« ment? Que tout soit perdu. »

C'est un modeste et savant juge d'un bailliage de
Normandie, Bois-Guilbert, qui, avec une initiative
pleine d'audace et une grande originalité de vues,
jette, cent ans avant 1789, dans son admirable livre
du réveil de la France, ce cri de détresse : « *La France*
« *a aujourd'hui la grangrène...* Considérant la ma-
« nière dont *la taille* se départit, s'impose et se paye, il
« faut demeurer d'accord qu'elle est également *la ruine*
« *des biens, des corps et des âmes... La consommation*
« *a cessé, parce qu'elle est devenue absolument dé-*
« *fendue et absolument impossible;* défendue par suite
« de l'incertitude de la taille qui est entièrement arbi-
« traire; impossible, par les aides et les douanes sur
« les sorties et passages du royaume, qui ont mis
« toutes les denrées à un point que non-seulement
« elles ne se transportent plus au dehors au quart de
« ce qu'elles faisaient autrefois, mais qu'elles périssent
« dans les lieux où elles croissent, pendant que dans
« un lieu tout proche elles valent un prix exorbitant,
« ce qui ruine également les deux contrées, parce que
« tout pays qui ne vend point ses denrées ne tire pas
« celles des autres... Avec tout cela, *les peuples s'esti-*
« *meraient heureux s'ils pouvaient avoir du pain et*
« *de l'eau à peu près leur nécessaire,* ce qu'on ne voit
« presque jamais... »

C'est l'intendant de Rouen qui, en 1698, dans un rapport au duc de Bourgogne, fait la déclaration suivante : « Partout le commerce semble se perdre, « tant par la guerre que par l'abattement des peu- « ples qui ne font aucune consommation, et par la « non-valeur du blé qui est telle, que le laboureur « n'est pas remboursé de ses frais... les herbages « sont à la moitié de leur valeur par défaut de con- « sommation... la campagne s'est efforcée de satis- « faire avec empressement aux charges pesantes qui « lui étaient imposées : la capitation, l'ustensile, les « milices, les eaux et fontaines, les eaux de vie, les « diverses charges créées dans la paroisse et une in- « finité d'autres, qui ont réduit le peuple à un état de « misère qui fait compassion, puisque de *sept cent* « *mille âmes dont la généralité était composée, s'il* « *en reste ce nombre, on peut assurer qu'il n'y en a* « *pas* 50,000 *qui mangent du pain à leur aise, et* « *qui couchent autrement que sur la paille.* »

C'est l'Intendant de la généralité de Bourges qui, à la même époque, parle dans les termes suivants de ceux qu'il est chargé d'administrer :

« Il n'y a pas de nation plus sauvage que ces peu- « ples; on en trouve quelquefois des troupes à la « campagne assis en rond, au milieu d'une terre la- « bourée et toujours loin des chemins; mais si l'on « approche, cette bande se disperse aussitôt... »

C'est La Bruyère, cet observateur aussi désintéressé que profond, qui nous a laissé le portrait suivant de ces malheureuses populations dont la dégradation est au comble et qui tiennent plus de la bête que de l'homme :

« On voit, dit-il, certains animaux farouches, des
« mâles et des femelles, répandus dans la campagne,
« noirs, livides, nus, et tout brûlés du soleil, attachés
« à la terre qu'ils fouillent et remuent, avec une opi-
« niâtreté invincible. Ils ont comme une voix arti-
« culée, et, quand ils se lèvent sur leurs pieds, ils
« ont une face humaine, et, en effet, ils sont des
« hommes; ils se retirent la nuit dans des tanières,
« où ils vivent de pain noir, d'eau et de racines...

« Il faut des saisies de terres et des enlèvements de
« meubles, des prisons et des supplices, je l'avoue;
« mais, justice, lois et besoin à part, ce m'est une
« chose toujours nouvelle de contempler avec quelle
« férocité les hommes traitent d'autres hommes.... »

C'est la royauté qui se condamne elle-même. Lisez
sans frémir, si vous le pouvez, ce témoignage irréfra-
gable que nous trouvons dans un arrêt rendu par le
conseil du roi, le 13 juillet 1700, contre Templier,
fermier des droits sur le sel : « Il y a beaucoup de
gens en Bourgogne qui ne consomment aucuns sels...
La pauvreté où ils sont actuellement de n'avoir pas
de quoi acheter non pas de bled, ny de l'orge, mais
de l'avoine pour vivre, les oblige *de se nourrir d'herbe
et même de périr de faim.* »

C'est le maréchal Vauban, chevalier des ordres du
roi, commissaire général des fortifications, gouverneur de la citadelle de Lille, qui s'exprime en ces
termes dans son livre immortel de la dîme royale,
publié en 1707 : « Il est certain que ce mal (celui
« des impôts) est poussé à l'excès et que si on n'y re-
« médie, le menu peuple tombera dans une extrémité
« dont il ne se relèvera jamais, *les grands chemins de*

« *la campague et les rues des villes et des bourgs étant*
« *pleins de mendiants que la faim et la nudité chas-*
« *sent de chez eux...*

« Je me sens encore obligé, d'honneur et de con-
« seience, de représenter à Sa Majesté, qu'il m'a paru
« que, de tout temps, on n'avait pas eu assez d'égards
« en France pour le menu peuple, et qu'on en avait
« fait trop peu de cas. Aussi c'est la partie la plus
« ruinée et la plus misérable du royaume; c'est elle
« cependant qui est la plus considérable par son nom-
« bre, par les services réels et effectifs qu'elle rend;
« car c'est elle qui porte toutes les charges, qui a tou-
« jours le plus souffert, et qui souffre encore le plus,
« et c'est sur elle aussi que tombe toute la diminution
« des hommes qui arrive dans le royaume.... *La taille*
« *est devenue arbitraire, corruptible, et en toute ma-*
« *nière accablante à un point qui ne se peut expri-*
« *mer;.....* elle est exigée avec une extrême rigueur et
« de si grands frais, qu'il est certain qu'ils vont au
« moins à un quart du montant de la taille. *Il est*
« *même assez ordinaire de pousser les exécutions*
« *jusqu'à dépendre les portes des maisons après avoir*
« *vendu ce qui était dedans, et on en a vu démolir,*
« *pour en tirer les poutres, lés solives et les planches,*
« *qui ont été vendues moins qu'elles ne valaient, en*
« *déduction de la taille....* L'autorité des personnes
« puissantes et accréditées fait souvent modérer l'im-
« position... et les choses sont réduites à un tel état,
« que celui qui pourrait se servir du talent qu'il a de
« savoir faire quelque art ou quelque trafic, qui le
« mettrait lui et sa famille en état de pouvoir vivre
« un peu plus à son aise, aime mieux demeurer à

« rien faire; et que celui qui pourrait avoir une ou
« deux vaches et quelques moutons ou brebis, plus
« ou moins, avec quoi il pourrait améliorer sa ferme
« ou sa terre, est obligé de s'en priver pour n'être pas
« accablé de tailles l'année suivante, comme il ne
« manquerait pas de l'être s'il gagnait quelque chose,
« et qu'on vit sa récolte un peu plus abondante qu'à
« l'année ordinaire.... »

C'est une instruction adressée aux intendants en juillet 1724, qui leur recommande : *d'entasser les mendiants dans les prisons, sur la paille, afin qu'ils tiennent moins de place.....* et cette horrible hospitalité, les affamés ne peuvent pas la fuir, car on décide d'imprimer aux mendiants un signe indélébile qui puisse les faire reconnaître; on essaie des caustiques qui ne *réussissent pas,* et alors on les marque au bras par le feu !...

C'est saint Simon, un duc millionnaire, qui écrit, le 27 juillet 1725, au successeur de l'ignoble cardinal Dubois, à Fleury évêque de Fréjus, ces lignes indignées : « *On mange en Normandie les herbes des*
« *champs !...* Je parle en secret et en conscience à un
« français, à un évêque, à un ministre, et au seul
« homme qui paraisse avoir part à l'amitié et à la
« confiance du roi, et qui lui parle en tête à tête; du
« roi, qui ne l'est qu'autant qu'il a un royaume et
« des sujets, qui est d'un âge à pouvoir en sentir la
« conséquence, et qui, pour être le premier roi de
« l'Europe, ne peut être un grand roi, s'il ne l'est que
« de gueux de toutes les conditions, et si son royaume
« se tourne en un vaste hôpital de mourants et de
« désespérés... »

C'est Jean-Jacques Rousseau qui, voyant un paysan, dont il reçoit l'hospitalité, cacher son pain *à cause de l'impôt de la taille*, et cacher son vin *à cause de l'impôt des aides*, s'écrie avec indignation :

« Tout ce que le paysan me dit à ce sujet, et dont
« je n'avais pas la moindre idée, me fit une impres-
« sion qui ne s'effacera jamais . Ce fut là le germe
« de cette haine inextinguible qui se développa depuis
« dans mon cœur contre les vexations qu'éprouve le
« malheureux peuple et contre ses oppresseurs. Cet
« homme, quoique aisé, n'osait manger le pain qu'il
« avait gagné à la sueur de son front, et ne pouvait
« éviter la ruine qu'en montrant la même misère qui
« régnait autour de lui. Je sortis de la maison aussi
« indigné qu'attendri, et déplorant le sort de ces
« belles contrées à qui la nature n'a prodigué ses dons
« que pour en faire la proie des barbares publi-
« cains... »

C'est Massillon, évêque de Clermont, qui, en 1740, signale au cardinal Fleury les misères du peuple qui contrastent si singulièrement avec les splendeurs de la Cour. « Il est d'abord de notoriété publique, Mon-
» seigneur, que l'Auvergne, province sans commerce
« et presque sans débouchés, est pourtant, de toutes
» les provinces du royaume, la plus chargée, à pro-
» portion, de subsides. Le Conseil ne l'ignore pas ; ils
» sont poussés à plus de *six millions que le roi ne*
» *retirerait pas de toutes les terres d'Auvergne s'il*
» *en était l'unique possesseur.* Aussi, Monseigneur,
» les peuples de nos campagnes vivent dans une
» misère affreuse, sans lit, sans meubles ; la plupart
» même, la moitié de l'année, manquent du pain

« d'orge ou d'avoine qui fait leur unique nourriture,
» et qu'ils sont obligés de s'arracher de la bouche et
» de celle de leurs enfants pour payer leurs imposi-
» tions..... »

Voulez-vous savoir le cas que l'on faisait de ces
éloquentes protestations? En 1740, l'Auvergne payait
six millions de subsides; en 1789, elle payait douze
millions huit cent mille livres!....

C'est d'Argenson qui, à la même époque, écrit dans
ses mémoires : « Le mal véritable, celui qui mine le
» royaume et ne peut manquer d'attirer sa ruine, est
» que l'on s'aveugle trop à Versailles sur le dépérisse-
» ment des provinces. J'ai vu, depuis que j'existe, la
» gradation décroissante de la richesse et de la popu-
» lation en France. On a présentement la certitude
» que la misère est parvenue généralement à un degré
» inoui. Au moment où j'écris, en pleine paix, avec
» les apparences d'une récolte sinon abondante du
» moins passable, les hommes meurent autour de
» nous comme mouches, de pauvreté et *broutant*
» *l'herbe*. Les provinces du Maine, Angoumois, Tou-
» raine, Haut-Poitou, Périgord, Orléanais, Berri,
» sont les plus maltraitées; cela gagne les environs de
» Versailles. Le duc d'Orléans porta dernièrement au
» Conseil du roi un morceau de pain de fougère. A
» l'ouverture de la séance, il le posa sur la table du
» roi, disant: « Sire, voilà de quoi vos sujets se nour-
» rissent!... » C'est aujourd'hui à faire pitié même
» aux bourreaux... Sa Majesté a dit au duc de La Ro-
» chefoucauld que le royaume avait diminué d'un
» sixième depuis un an. Il est positif qu'il est
» mort plus de Français de misère depuis deux

» ans que n'en ont tué toutes les guerres de
» Louis XIV... »

C'est le parlement de Normandie qui constate, le
9 mai 1752, que les paysans, pour ne pas mourir trop
vite de faim, en étaient réduits « *à se former des
nourritures qui font horreur à l'humanité,* » et, le
5 mai 1768, la détresse est telle que le même parlement se plaint de ce que les villages se voient «*obligés
par le besoin de se réduire aux aliments des bêtes.* »

C'est la Chambre des comptes qui, en 1759, adresse,
en ces termes, une remontrance à Louis XV : « Votre
» Majesté ne saurait trop se défier de ceux qui, pour
» assouvir la faim insatiable qu'ils ont de vos dons,
» grossissent à vos yeux l'opulence des peuples. Le
» zèle de vos peuples est inépuisable, mais leurs forces
» ne répondent pas à leur zèle... »

C'est l'abbé de Lubersac qui, en 1774, s'écrie :
« *La terre n'obtient plus du laboureur que des sueurs*
» *stériles qui le mettent dans l'impossibilité de four-*
» *nir aux impôts.* Des légions de travailleurs se réfu-
» gient dans les villes, où ils échangent leurs haillons
» pour une servitude aisée... *oui, presque partout,*
» *les lois fiscales, les lois prohibitives, les lois civiles*
» *et les lois criminelles, violent la propriété, la*
» *liberté, la sûreté des citoyens.* Combien de pertes
» immenses! combien ces déprédations, ces impôts,
» et plus encore leur perception, n'ont-ils pas causé
» pour le peuple de désolations ! combien ces pertes
» ont détruit de familles utiles à l'Etat! combien elles
» ont anéanti de richesses nées et à naître, en repro-
» duction de bestiaux et de récoltes!.... Les corvées
» sont un impôt qui coûte aux cultivateurs et à l'Etat,

» en déprédations, en anéantissement de productions,
» soixante fois au moins la valeur du travail des cor-
» véables... »

C'est le grand Turgot, c'est le populaire Necker, qui font entendre leurs protestations...

C'est Jefferson qui, le 14 novembre 1786, écrit de Paris au général Washington : « Pour apprécier la
» masse de maux qui découlent de cette source fatale,
» l'*aristocratie*, il faut résider en France ; il faut voir
» le sol le plus beau, le meilleur climat, l'état le plus
» compacte, le caractère national le plus bienveillant,
» en un mot, la réunion de tous les avantages natu-
» rels, insuffisante pour empêcher ce fléau de l'aristo-
» cratie, de rendre la vie un supplice pour les quatre
» cinquièmes des habitants de ce pays. »

C'est l'indigne Calonne lui-même qui, en 1788, viendra reconnaître... Mais, alors, il est trop tard !...

XX

L'heure de l'expiation est enfin venue. La monarchie a épuisé toutes les folies, toutes les hontes, tous les crimes ; à bout d'expédients pour se procurer de l'argent, et entraînée par le mouvement irrésistible qui s'est emparé des esprits, elle s'adresse à la nation et convoque les Etats généraux qui n'avaient pas été réunis depuis 1614.... A cette nouvelle, une émotion indicible s'empare de la France ; les assemblées de bailliages se réunissent ; le Tiers Etat rédige ces cahiers de 1789, ces immortels mandats impératifs qui tra- cent d'une façon si nette et si précise les devoirs imposés aux représentants de la nation, et qui deviendront le magnifique programme de la Révolution.

L'ouverture des États généraux est fixée au 5 mai; elle a lieu à Versailles, dans la salle des Menus-Plaisirs. Dans cette première séance, se montrent les différences profondes qui séparent les classes de l'ancien régime; ce n'est pas une assemblée nationale, c'est une cérémonie qui réunit pour quelques instants les députés de la noblesse, du clergé et du Tiers État. Les moindres détails sont un outrage pour ceux qui représentent véritablement la nation. La cour, les nobles et les prêtres entrent par la porte principale; le Tiers État attend au milieu de la foule, et n'est introduit que par une porte basse; dans l'intérieur de la salle, à la droite du trône, sur une estrade élevée, les députés de la noblesse avec leurs riches vêtements brodés d'or, le manteau de soie, la cravate de dentelle et le chapeau à plumes à la Henri IV; à la gauche du trône, en face de la noblesse et sur une estrade de même hauteur, le clergé par ordre hiérarchique; en face du roi, mais sur des gradins beaucoup plus bas que ceux des deux autres ordres, se pressent les députés du Tiers État, simplement vêtus d'un habit et d'un petit manteau noir.

Mais qu'importent toutes ces distinctions, tous ces dédains et toutes ces injures ?... le peuple est derrière ces députés modestes dont on rit à la Cour, et qui bientôt la feront trembler. On leur refuse la vérification des pouvoirs en commun, et le vote par tête; ils répondent en se constituant en *Assemblée nationale*. Le 20 juin, ils trouvent la salle de leurs réunions fermée, et lorsqu'ils se présentent ils sont repoussés par les soldats qui gardent les portes; en présence de cet outrage fait à leur dignité, les députés des communes se rendent dans une salle de jeu de paume, protégés par le peuple qui fait la haie sur leur passage, et prononcent avec autant de calme que de majesté, le serment sublime de ne pas se séparer avant d'avoir donné une Constitution au royaume... Deux jours après le 22 juin, séance royale; la salle des États est entourée de troupes; tous les visages portent l'empreinte de l'inquiétude que font naître les projets de la Cour. Le roi, après un discours menaçant, ordonne aux députés de se séparer, et de se rendre le lendemain dans les chambres affectées à chaque ordre. La noblesse et le clergé suivent le cortége royal; les députés du Tiers État restent en place; au grand maître des cérémonies qui leur apporte l'injonction de sortir, Mirabeau, ce lion populaire dont les rugissements devaient être plus tard étouffés par l'or et les sourires de Marie-Antoinette, répond que les mandataires du peuple ne seront arrachés de leurs places que par la puissance des baïonnettes!... Les députés continuent à délibérer et décrètent leur inviolabilité.

La cour effrayée cède et prépare sa revanche; les troupes inondent Paris et Versailles; les bruits les plus sinistres se répandent : Necker est renvoyé; Paris s'agite; des escadrons de cavalerie sabrent la foule inoffensive qui se promène aux Champs-Élysées; l'indignation est à son comble; le tocsin jette sur la capitale ses tintements lugubres, et alors paraît sur la scène le peuple, ce grand déclassé toujours prêt à verser son sang pour les revendications généreuses, et que l'on s'empresse d'oublier après la victoire... Il attaque la Bastille, et l'imprenable forteresse tombe sous le souffle populaire!...

A la nouvelle de la prise de cette citadelle du despotisme par ce vaillant peuple de Paris, l'enthousiasme gagne les provinces; les campagnes s'éveillent à la liberté; le travail est suspendu; les paysans s'assemblent; l'heure des représailles est venue!... des torches vengeresses s'allument, les châteaux brûlent!... Il faut que les droits féodaux disparaissent.

C'est au bruit de leurs châteaux qui croulent; c'est à la lueur sinistre des flammes qui dévorent leur archives seigneuriales, que les nobles et les prêtres, l'épouvante dans l'âme, vont faire l'abandon forcé de leurs priviléges. Nous sommes au 4 août; la séance s'ouvre à huit heures du soir; les députés sont graves et tristes comme aux jours des grandes résolutions. Chapelier préside. Target lit un projet d'arrêté relatif à la sûreté du royaume qui maintient les lois anciennes, ainsi que les impôts, les redevances et les prestations qui existent, et qui demande le respect des propriétés.

La noblesse et le clergé comprennent que rien ne peut arrêter les revendications populaires, et que cette résistance va les perdre. Le vicomte de Noailles monte à la tribune; il demande, au nom de la justice violée pendant des siècles, l'égalité de l'impôt, la destruction des priviléges qui écrasent le peuple, l'abolition des droits féodaux moyennant rachat, l'abolition sans rachat des corvées seigneuriales, des mainmortes et de toutes les servitudes personnelles... Le duc d'Aiguillon se joint au duc de Noailles. Après un discours peu écouté de Dupont de Nemours, paraît à la tribune, en habit campagnard, Leguen de Kerengal, député de la Basse-Bretagne; il montre l'effrayant despotisme des seigneurs, la juste colère du peuple, et allant droit au but, il s'écrie :

« Qu'on nous apporte ici ces titres qui outragent
« non-seulement la pudeur, mais l'humanité même,
« en exigeant que les hommes soient attelés à une
« charrette, comme les animaux du labourage !...
« Qu'on nous apporte ces titres qui obligent les hom-
« mes à passer les nuits à battre les étangs pour em-
« pêcher les grenouilles de troubler le sommeil de
« leurs voluptueux seigneurs !... Qui de nous, dans
« ce siècle de lumières, ne ferait pas un bûcher expia-
« toire de ces infâmes parchemins, et ne porterait pas
« le flambeau pour en faire un sacrifice sur l'autel du
« bien public ?..... Pour le bien de la paix, hâtez-
« vous de donner ces promesses à la France; un cri
« général se fait entendre; vous n'avez pas un mo-
« ment à perdre; un jour de délai occasionne de nou-
« veaux embrasements..... la chute des empires est
« annoncée avec moins de fracas..... ne voulez-vous
« donner des lois qu'à la France dévastée ?.....»

A ces accents, un enthousiasme indescriptible s'empare de tous les représentants; une lutte de générosité s'engage; les priviléges sont abolis, et c'est en vain que le pouvoir royal, la noblesse et le clergé, chercheront à reprendre les concessions faites dans la nuit du 4 août.

La nation, courbée sous le joug de la plus oppressive domination, secoue enfin ses chaînes et s'empare de cette souveraineté qui était l'apanage du pouvoir royal, de la noblesse et du sacerdoce. Plus de castes !... plus de priviléges !... La notion de justice se détaehe claire, nette, précise; l'égalité de tous les citoyens est proclamée, et il semble qu'un peuple nouveau est venu repeupler et féconder la France régénérée.

XXI

En terminant cette étude rapide des abus del'ancien régime, nous avons à cœur de repousser les objections qui nous ont été faites d'avoir assombri le tableau des charges qui écrasaient avant 1789 les populations rurales, et d'avoir appelé l'attention de nos lecteurs sur des abus et des priviléges que personne ne songe plus à rétablir.

A ceux qui prétendent que nous avons dépeint, sous des couleurs trop sombres, le sort du paysan français avant 1789, nous avons répondu, en invoquant le témoignage irrécusable des voix généreuses qui s'élèvent du sein des corruptions et des infamies de l'ancien régime, pour protester et appeler la pitié royale sur les effroyables misères des habitants des campagnes.

Quant aux partisans de la monarchie et aux cléricaux, qui prétendent ne pas vouloir restaurer les abus et les priviléges du passé, ils nous paraissent avoir mal choisi leur moment pour nous rassurer à cet égard.

Ont-ils donc oublié, que tout récemment, un préfet de l'ordre moral faisait publiquement l'éloge de la dîme?... Ne se souviennent-ils plus que le catéchisme du diocèse d'Annecy, de 1876, *approuvé par quatre evêques*, en fait un septième commandement de l'église, en disant :

Paye les dîmes justement.

Et devons-nous leur rappeler que les débats de l'élection de M. de Mun nous ont appris que, dans nos départements de Bretagne, les curés allaient encore de porte en porte, demander leur part des récoltes ?...

Est-ce qu'un professeur d'Université catholique n'a pas, dans un discours d'ouverture, attaqué notre société civile de la manière la plus violente par cette audacieuse déclaration : « *Il y a des lois auxquelles nous ne pouvons pas obéir !...* » ? Cela ne veut-il pas dire que le pouvoir civil issu de la Révolution de 1789, doit être soumis au pouvoir religieux, c'est-à-dire aux prêtres qui recevraient leur mot d'ordre du pape ?...

Est-ce que Rome ne lance pas tous les jours l'anathème contre toutes les libertés modernes ? Est-ce que l'enseignement donné par nos séminaires ne pousse pas à la révolution sociale, et ce nouveau Credo que l'on appelle *le Syllabus* n'est-il pas la négation éclatante des droits qui nous ont été légués par nos pères de 1789 ?

Enfin, est-ce que les royalistes et les cléricaux ne livrent pas, en ce moment même, l'assaut le plus violent à la société moderne en cherchant à vous enlever le plus important de vos droits politiques, le suffrage universel qui est la base de notre édifice social ?

A cet égard, la négation est impossible. Toutes les habiletés de ces hommes, dont la politique est faite de feintes, de dissimulations et de roueries, ne sauraient effacer des paroles prononcées du haut de la tribune française, sanctionnées par le comte de Chambord, et approuvées par tous les journaux royalistes et cléricaux. C'est pourquoi il nous paraît nécessaire de mettre sous les yeux des électeurs ce que pensent, disent et veulent, ceux qui osent donner cet étrange spectacle de venir solliciter leurs suffrages, au moment précis où ils ont la prétention de leur enlever le droit de voter.

Dans la séance du 16 novembre 1878, le champion des cléricaux et des royalistes, M. le comte de Mun, « *unissant dans une même affirmation sa foi politique à sa foi religieuse,* » inscrit sur son drapeau avec une franchise dont nous devons lui savoir gré : « Guerre à la Révolution, » et attaque violemment le suffrage universel en disant textuellement : « *Je ne suis pas* « *un partisan du suffrage universel, je ne crois pas* « *à la souveraineté du nombre et je suis persuadé qu'un* « *pays qui appuie là-dessus ses institutions et ses* « *lois est un pays qui s'achemine à la ruine.* »

Est-ce assez clair ? Et ne croyez pas que ce soit là le cri de l'enfant perdu d'un parti, car ces paroles, qui dévoilent les tendances des royalistes et des cléricaux, ont reçu l'approbation la plus éclatante qu'elles pouvaient recevoir, celle du Comte de Chambord, dont l'autorité, depuis la fusion, s'impose à tous les royalistes.

Dans une lettre reproduite par tous les journaux royalistes, le comte de Chambord félicite M. le comte de Mun « *de son admirable discours du 16 novembre.* » Il lui écrit : « *Sur toutes les questions religieuses et* « *politiques qui agitent l'Europe et déchirent notre*

« *malheureuse France, vous* FAITES LA LUMIÈRE *parce*
« *que vous n'avez pas peur de signaler sans passion*
« *comme sans faiblesse les véritables causes de notre*
« *décadence et de nos abaissements.* Oui, l'AVENIR EST
« AUX HOMMES DE FOI, *mais à la condition d'être en*
« *même temps des hommes de courage ne craignant*
« *pas de dire en face de la* RÉVOLUTION TRIOMPHANTE
« *ce qu'elle est dans son essence et son esprit, et à la*
« CONTRE RÉVOLUTION *ce qu'elle doit être dans son*
« *œuvre de réparation et d'apaisement.* » Il ajoute
en faisant allusion à M. de Falloux qui, moins franc
mais plus habile, voulait que l'on mît le drapeau
blanc dans sa poche : « *Grâce au ciel, il est resté*
« *intact entre mes mains le* DÉPÔT SACRÉ *de nos*
« *traditions nationales et de nos grandeurs. C'est*
« *à renouer les anneaux de la* CHAÎNE SÉCULAIRE *que*
« *chacun doit à votre exemple consacrer son activité*
« *et sa vie.* »

Et il termine par ces mots que les habitants des
campagnes feront bien de méditer : « POUR QUE LA
« FRANCE SOIT SAUVÉE, IL FAUT QUE DIEU Y RENTRE EN
« MAÎTRE POUR QUE J'Y PUISSE RÉGNER EN ROI.

La presse légitimiste et cléricale donne son entière
approbation à ces attaques dirigées contre le suffrage
universel et les droits proclamés par notre immortelle
révolution de 1789 ; si l'on en doute, qu'on lise les
passages suivants que nous relevons dans un journal
des Deux-Sèvres, le *Poitou,* dont la rédaction est ins-
pirée par le marquis de la Rochejacquelein, un des
plus grands noms du parti légitimiste. Dans le numéro du mercredi 4 décembre 1878 :

« On ne saurait trop le répéter : *le Roi légitime*

« *dans la Société chrétienne tient immédiatement de*
« *Dieu seul* le pouvoir sur la Société civile, et le ca-
« tholique de nos jours, en présence de la tradition
« et des immuables proclamations des pontifes ro-
« mains, n'a qu'à s'incliner devant le droit qui est
« toujours l'expression éternelle de la justice.

« L'erreur *capricieuse, insociable et anti-chrétienne*
« *de la souveraineté du peuple* ne nous a valu que
« des révolutions et des dettes sans précédent; elle
« est jugée par ses œuvres. »

Dans le numéro du vendredi 6 décembre 1878 :

« A Dieu ne plaise que nous séparions un seul ins-
« tant notre principe politique du principe chrétien
« et social qui en est la base. La dernière lettre de
« M. le comte de Chambord suffirait à elle seule à in-
« diquer sur ce point la ligne politique du parti roya-
« liste et de son chef. »

Dans le même numéro :

« On reproche aux royalistes de vouloir ressusciter
« le passé. Qu'est-ce donc que ce passé si décrié et si
« peu connu? C'est une glorieuse époque, puisque
« c'est celle de la constitution de l'unité nationale. »

Une adhésion aussi éclatante du journal inspiré par
M. de la Rochejacquelein aux principes contenus
dans la lettre du comte de Chambord, méritait une
récompense. C'est M. de Dreux-Brezé qui s'encharge
en transmettant au directeur du *Poitou*, au nom du
comte de Chambord, une lettre que nous trouvons dans
le numéro du 15 décembre et qu'il faut citer textuellement :

« Monsieur le comte de Chambord a constaté,
« Monsieur, avec une vive satisfaction, la respectueuse

« et complète adhésion donnée par toute la presse
« royaliste de province et en particulier par le journal
« placé sous votre direction, à l'exposé des doctrines
« contenues dans la lettre à M. le comte de Mun. »

M. le Directeur du *Poitou* se montre, à juste titre
très-fier de cette lettre.

Dans le même numéro :

« Non, non, mille fois non, le suffrage universel
« n'est pas souverain. Il ne l'a jamais été, il ne le
sera jamais, IL NE PEUT PAS, IL NE DOIT PAS L'ÊTRE. »

Un peu plus loin :

« Ni le roi de France Henri V, ni M. de Mun, ni
« aucun royaliste, ni aucun catholique, ne sont dispo-
« sés à reconnaître *le dogme révolutionnaire de la*
« *souveraineté du nombre, de quelque façon qu'il se*
« *manifeste.* Ils l'ont repoussé dans tous les temps. Ils
« le condamnent aujourd'hui dans le suffrage univer-
« sel comme ils l'avaient condamné dans n'importe
« quelle combinaison du suffrage restreint. »

Et un peu plus loin :

« *Le suffrage universel n'est pas le souverain : il*
» *ne peut pas déléguer la souveraineté qu'il n'a point,*
» et les parvenus qu'il couronne ne sont que des usur-
» pateurs. »

Que l'on ne vienne donc pas nous dire que les
royalistes et les cléricaux ne cherchent pas à rétablir,
sous une autre forme, les abus et les priviléges d'un
abominable passé !...

Vouloir supprimer le suffrage universel, c'est-à-dire
vouloir vous enlever, à vous qui payez l'impôt, le droit
de participer aux affaires de la nation en nommant vos
députés, vos conseillers généraux, vos conseillers

d'arrondissement et vos conseillers municipaux, n'est-ce pas attaquer la société moderne dans ses œuvres vives, et faciliter le rétablissement des abus et des priviléges?

Comment en serait-il autrement? N'est-il pas certain que la monarchie comme ils l'entendent, c'est-à-dire le pouvoir d'un seul ne reconnaissant d'autre souveraineté que celle du pape, est incompatible avec le suffrage universel et le libre contrôle des mandataires de la nation?... N'est-il pas de toute évidence, qu'avec leur Roy appuyé sur son complice naturel le clergé, ils ne manqueraient pas de nous ramener les priviléges de toutes natures, les listes civiles, les gros traitements, les bénéfices, le luxe des palais, les riches dotations des dignitaires de la Cour et les cumuls scandaleux qui appauvrissent les nations!...

XXII

Qu'il nous soit permis d'ajouter un dernier mot, un dernier conseil. Repoussez, repoussez de toute votre énergie les calomnies que répandent dans vos campagnes, contre le gouvernement de la République, ceux qui ont intérêt à faire la nuit dans vos esprits pour réaliser leurs coupables espérances!... Avons-nous donc besoin de vous dire que nous répudions hautement tout ce cortége d'idées malsaines et de violences que des détracteurs intéressés mettent au compte de la République?...

Ce que nous voulons, c'est le gouvernement du pays par le pays, avec la souveraineté du peuple comme principe et le suffrage universel pour sanction;...

Ce que nous voulons, c'est le développement prudent mais continu d'un bien-être social basé sur la justice, le travail et la liberté;

Ce que nous voulons, c'est une soumission absolue à la loi dont le religieux respect peut seul donner l'*Ordre* et la *Paix* sans lesquels il ne saurait exister pour une nation ni prospérité ni grandeur;

Ce que nous voulons enfin, pour notre pays bien-aimé, ce sont des institutions qui prononçant pour toujours le divorce entre la France et la monarchie, nous permettent de réaliser les réformes nécessaires, lentement mais sûrement, sans faire des révolutions.

Oh! sans doute, il est possible de semer d'obstacles la route du progrès, mais on ne saurait l'arrêter dans sa course, car il est la vie même des nations; le meilleur gouvernement est donc celui qui peut le réaliser sans que l'on soit obligé pour l'obtenir d'avoir recours à la force. Avec la monarchie qui constitue l'immobilité par un chef héréditaire et tous les priviléges de ceux qui l'entourent, les réformes les plus légitimes donnent lieu à ces secousses violentes qui viennent, à des dates plus ou moins rapprochées, tarir les sources du travail et compromettre les intérêts; avec la République, au contraire, qui est le gouvernement du pays par le pays, c'est au suffrage universel seul qu'est confié le soin de réaliser les vœux de chacun, et alors, les améliorations se produisent sans crises, sans bouleversements, d'une manière aussi pacifique que légale, et c'est parce que nous désirons de toute l'énergie de notre|âme un ordre durable nous assurant le progrès sans faire des révolutions, que nous demandons que la république devienne enfin, comme le demandait M. Thiers, « *une paisible et glorieuse réalité.* »

On a dit et répété aux habitants des campagnes que les républicains étaient les ennemis de la propriété et de la famille. Mais jetez donc autour de vous un regard sur ces prés, sur ces champs, sur ces vignes que vous fécondez par un travail incessant !... Est-ce que les noms que portent encore vos métairies et vos pièces de terre ne vous indiquent pas quels étaient les anciens propriétaires? Voyez ces châteaux abandonnés, ces parcs dont le sol hier improductif est aujourd'hui soulevé par le soc de vos charrues, ces abbayes dont les derniers vestiges n'offrent plus qu'un intérêt de curiosité... Est-ce que toutes ces ruines de l'ancien régime ne vous attestent pas de la manière la plus éloquente que ces domaines appartenaient à la noblesse et au clergé ?... Ce sont, ne l'oubliez jamais, quoiqu'à cet égard on cherche à vous tromper, ce sont les républicains de 1789 qui, en vous restituant vos droits, vous ont permis d'acquérir le champ que vous labourez et de pouvoir en disposer librement.

Quant à nous, continuateurs modestes mais résolus de ces glorieux devanciers, nous pensons comme eux que le travail est la loi des sociétés, que le travailleur a besoin pour soutenir ses efforts de tous les jours, de ces choses sacrées que l'on appelle la femme, les enfants, la famille, que la propriété doit être la juste et légitime récompense d'une vie laborieuse, et que, pour le bonheur de notre pays, nous devons être tous unis dans une pensée commune de dévouement à la Patrie et à la République.

Paris, le 7 janvier 1879.

C. de REIGNIÉ,

de Melle (Deux-Sèvres).

Paris. — Alcan-Lévy, imprimeur, 61, rue Lafayette.